普 天 之 下 · 盡 是 好 書

普天 出版家族
Popular Press Family

淩雲 A-Plus Creative Company 文創

Thick Black Theory

厚黑學

借用別人的能力，快速達成自己的目的

完全使用手冊

莎士比亞曾經寫道：

雖然我不想有意詐騙世人，可是為了防止自己被人出賣，我必須學習並且活用這套手段。

這句話提醒我們，想在競爭激烈的現實社會存活，
每個人都必須學點生存厚黑法則，無論是面對你的仇人或是友人，
都不能傻愣愣地將自己的一切暴露無遺。

因為，活在這個爾虞我詐的世界，
「人前手牽手，背後下黑手」的雙面人實在太多了，他們在你面前，
或許會稱讚你老實、坦誠，誰知道他們會不會一轉過身，就利用你的坦白來陷害你……

現實很殘酷，你必須學點厚黑心術，才能借用別人的能力，快速達成自己的目的。

Thick Black Theory is a philosophical treatise written by Li Zongwu, a disgruntled politician and scholar born at the end of Qing dynasty. It was published in China in 1911, the year of the Xinhai revolution, when the Qing dynasty was overthrown.

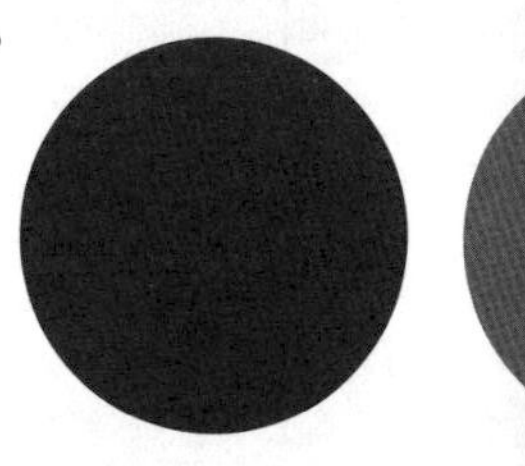

王照

【出版序】

現實很殘酷，你必須學點厚黑心術

・王　照

人不能只有小聰明，卻沒有大智慧；厚黑學不是教你賣弄聰明、耍奸玩詐，而是教你借用別人的能力，快速達成自己的目的。

現實很殘酷，想在慘烈的人性戰場存活，就必須學點厚黑心術，才能借用別人的能力，快速達成自己的目的。

用點手腕、使點手段，掌握一些厚黑技巧，往往是讓問題迎刃而解的最佳捷徑，同時也是現代人求生自保必備的智慧。

就本質來說，智慧和厚黑的內容是相同的，只不過是同一種應對模式的正反說法，岳飛用的時候，我們稱之為智慧，秦檜用的時候，我們叫它厚黑。

古往今來的歷史經驗與生活教訓告訴我們：成功的秘訣就是智慧。唯有智慧才能使人脫胎換骨，也唯有智慧才能改變人生！

諸葛孔明向來被視為智慧的化身，英姿煥發，才智溢於言表，手執羽扇頭戴綸巾，談笑間敵艣灰飛煙滅，何其瀟灑自如！他靠的是什麼？答案是智慧。

《西遊記》中的齊天大聖孫悟空護送唐僧前去西天取經，歷經九九八十一難，上天入地，翻江倒海，橫掃邪魔，滅盡妖孽，何其威風暢快，激動人心！貫穿整部《西遊記》的是什麼？答案還是智慧。

許多世界知名將領身經百戰，洞察敵謀，所向披靡，締造一頁頁傳奇。他們何以能叱吒風雲，在險惡的戰場屢建奇功？靠的還是鬥智不鬥力的智慧。

拿破崙橫掃歐洲大陸，如入無人之境；愛迪生一生發明無人能出其右，廣為世人稱道，原因都在於他們懂得搭建通向成功的橋樑，擁有打開智慧寶庫的鑰匙。

當你前途茫茫、命運乖舛，輾轉反側卻不得超脫的時候，你需要智慧；當你面臨群丑環伺，想要擺脫小人糾纏之時，你需要智慧。

在你身陷絕境，甚至大禍迫在眉睫之際，想要化險為夷、反敗為勝，你需要智慧；在你萬事俱備只欠東風的時候，如何把握機稍縱即逝的良機，你需要智慧。

在你身處險境、危機四伏時，想躲避來自四面八方的暗箭，你需要智慧；在你春風得意馬蹄疾揚的時候，如何不致中箭落馬，更需要智慧。

在十倍速變化的世紀裡，古人所說的「離散圓缺應有時，各領風騷數百年」景況將不復出現，一個人的影響力、穿透力至多只能維持數十年。

我們當中，只有極少部分的人能靠著智慧和不斷自我砥礪，而獲得通往成功的通行證，絕大多數的人都將繼續在失敗的泥沼中跋涉，最後慘遭時代吞噬。

更殘酷地說，從來沒有一個世紀是愚騃無知之徒的世紀——他們充其量不過是歷史煙塵中庸碌的過客，或者任由豺狼宰割的羔羊；他們想擁抱時代，時代卻無情地吞噬、遺棄、嘲弄他們。

無疑的，二十一世紀是智者通贏的世紀，我們既面臨空前無情的挑戰，同時也面臨曠世難遇的機遇。

失意、落敗、悲哀無可避免地會降臨在那些愚騃懵懂、懦弱無能的人身上，這些人將成爲時代的棄兒，被遺棄在歷史的垃圾堆。

成功的機遇則會擁抱那些充滿智慧、行事敏捷、勇於進取的人；唯有這些人方能成爲時代的驕子，分享新世紀的光輝和榮耀。

洛克維克曾經寫道：「狼有時候也會保護羊，不過那只是為了便於自己吃羊。」

在這個誰低下脖子，誰就會被人當馬騎的年代裡，如果想要生存下去，就要具備厚黑的智慧，既要通曉人性的各種弱點，又要懂得運用爲人處世的技巧。

本書要教導讀者的，就是在人性叢林中成功致勝的修身大法。內容包含兩個層面，一是自我素質的快速提昇，透過吸收書中列舉的借鏡與知識，累聚各式各樣必備的智慧，增進自身的涵養；一是徹底摸清人性，修習爲人處世的技巧，運用機智、適當的手腕，適時發揮本身所具備的才能。

這兩者正是獲得成功的最重要因素，也是決定性的因素。

人不能只有小聰明，卻沒有大智慧；厚黑學不是教你賣弄聰明、耍奸玩詐，而是教你看穿人性、修練人生。如果你不懂得厚黑學，不懂得洞悉別人如何耍弄心機，那麼永遠都只會是人性戰場上的輸家。

出版序　現實很殘酷，你必須學點厚黑心術　●王照

01. 誘使對方朝著你的方向走

雖然運用兩者中選擇一種的方法，常會產生許多障礙，但是，可以迫使處於疑惑不決的對方，朝著你所希望的方向去選擇。

02.

「趁火打劫」有什麼不好？

在市場經濟運轉的規律中，「趁火打劫」是司空見慣的事，有時候運用得當，對方根本不會認為你是在趁火打劫，甚至還會感激你。

03.

釜底抽薪，才能徹底消滅敵人

人際關係既有友善的一面，還有險惡的一面。想要排除險惡，不妨運用「釜底抽薪」的計策，戰勝給你帶來險惡的人。

04. 適時拋給對方一顆「定心丸」

如果你或你的好友正感到惶恐不安時，不妨規劃一些生活的新目標和想像幸福的未來，這樣就能振奮精神，並且對未來的遠景更加嚮往。

05. 每個人都喜歡被灌迷湯

人的「自我價值感」，是經由別人的肯定、讚美、鼓勵、重視而來，只要「讓他感到自己很重要」，他也會投桃報李，給你「正面的回饋」。

06. 如何讚美別人最恰當？

大部分的人一方面希望別人能夠客觀地瞭解自己，一方面打從心底裡渴望別人對自己多加肯定。因此，當我們正確無誤地誇獎別人的優點時，對方可能會覺得十分窩心。

07. 朋友也必須「分級」喔！

有的人就是誤以為朋友都是好人，對所有的朋友一視同仁，結果受到不少物質和心靈上的傷害。為了避免自己受到傷害，你必須把朋友按不同的等級來區別對待。

08.

自作聰明，小心惹禍上身

人可以沒有大智慧，但是絕對不要亂耍小聰明，否則就會步上楊修的後塵，為自己招來禍害，死得不明不白。

09. 以柔克剛，才不會兩敗俱傷

以剛克剛，容易落得兩敗俱傷，面對剛烈之人，更應以己之長克其之短，而不是硬碰硬，推向玉石俱焚的危險態勢。

10. 做個聰明的老實人

做人應當誠實正直，不要有害人之心，不過，防人之心也不可無，畢竟人的心思是很難讀懂的，必須提防別人口蜜腹劍的算計。

11. 為自己營造聲勢，就能創造優勢

人為即是天意，無論是陳勝、趙匡胤，還是歷史上其他風雲人物，都是靠著自己營造聲勢而領盡一時風騷。

PART 1

誘使對方朝著你的方向走

雖然運用兩者中選擇一種的方法，
常會產生許多障礙，
但是，可以迫使處於疑惑不決的對方，
朝著你所希望的方向去選擇。

如何在最後關頭扭轉局面

當你和別人進行交涉或會談的時候，越是重要的事項，越應該放在交涉或會談即將結束的時段提出，利用「時間限制」來達到預期的效果。

有一次，某公司從下午一點開始舉行的會議，拖拖拉拉地開到五點鐘還沒辦法結束，參與開會的成員心裡開始抱怨，大發牢騷。

這時，一個出席會議的幹部突然站起來說：「我想，今天討論到這裡已經有了共識，各位的意見實在非常寶貴，現在，我就把大家的共識歸納成以下三點……」

這位幹部將三點「共識」簡要說明後，所有的與會成員不僅無異議通過，而且對他適時結束會議心存感激。

因爲，如果不是他將冗長的討論項目，以簡明扼要的方式縮短，並整理出三點

共識來，這個會議不知要開到何時才結束。

但是，當大家回到家裡之後，靜下心來仔細回想會議討論內容，才發現自己的見解與那個幹部所整理出來的三點共識似乎不盡相同，而且，還許多重要問題都被省略掉了。

過了幾天之後，與會成員彼此閒聊起來，才知道每個人都有相同的感覺。

也就是說，當時在會議上適時地站起來，並以簡單明快的方法整理出重點的那個幹部，在總結三點「共識」時，話語中暗藏玄機，仔細深究之下，顯然是他藉機「偷渡」自己的個人利益。

他利用與會者經過冗長討論，身心疲憊不堪，並且想趕快結束會議的心理，及時發言來達到他個人的目的。

這個幹部可以說是利用了「最好的時機」。

這個例子說明了，只要能夠善於利用時機，往往會出現絕佳的說服效果。所謂的時機，人的潛在心理作用是一個重要因素。所以，當你和別人進行交涉或會談的時候，越是重要的事項，越應該放在交涉或會談即將結束的時段提出，利用「時間限制」來達到預期的效果。

妥善發揮「時間限制」，對於一個談判者來說非常重要，像這樣的實際例子，在商場或社交場合實在不勝枚舉。

一個人想要在生存鬥爭中獲勝，要嘛得有智慧，要嘛得有野獸一般的心腸。

——高爾基

用「最後時限」逼對方就範

柯英的行程表被日方掌握，無法按部就班地在預定時間內進行談判，日本人運用了「最後時限」的技巧，終於獲得最後的勝利。

美國的談判專家柯英，在擔任美國某企業的代理期間，曾和日本某家企業進行談判。當時曾發生一段有趣的故事，使得他對日本人的談判術讚不絕口。

柯英一到日本羽田機場，神采奕奕地下飛機通關。這時，代表日本企業與柯英談判的兩名職員早就在出口處迎接了。

這兩個人接過柯英的行李，請柯英乘上已等候多時的高級轎車，送他到事先預訂好的旅館去。

日本方面的招待如此周到，令柯英非常高興。在車上閒聊時，有一個日本招待問柯英：「您要回去時，我們也會替您準備好車子，送您到機場，不知您預訂哪一天的班機回去？」

柯英受到如此禮遇，覺得非常感動，很自然地從口袋裡取出回程機票給日本人看。機票上寫著兩週後要回去的班機時刻。

事實上，這個時候談判的勝負已大體決定了。因爲，日本方面對於談判的最後時限往往視爲最高機密，絕對不會讓對方知道，但是對於對方預定的時限，卻總要想辦法去探知。

柯英不但沒有發現這個致命的弱點，而且還對日本人心存感激。如此一來，所有的談判便完全掌握在日本人手中了。

談判按照日本方面的安排逐步地進行著，在前十天裡，日本方面每天熱情地招待柯英到日本的名勝古蹟去參觀遊覽，會談時專說些言不及義的芝麻細事，對於重要的內容則隻字不提。

到了第十二天，也就是柯英即將回國的前兩天，雙方才就談判內容進行磋商。第二天，日本企業藉故替柯英舉行歡送會，使得談判在中途就結束了。

直到最後一天，正式的談判才正式開始，日本人完全掌握了柯英急於返回美國、想快速結束談判的心理，氣定神閒地與柯英進行談判。但是，就在談判正要進入最重要的問題時，要接他去羽田機場的高級轎車已在門口等了，於是談判只好在車內進行，到了羽田機場，雙方終於完成了談判。

無庸置疑的，談判結果當然是日本方面大獲全勝，柯英所取得的談判條件也必然對美國方面不利。

這件事最重要的癥結，在於柯英的行程表被日方掌握，無法按部就班地在預定時間內進行談判，日本人運用了「最後時限」的技巧，終於獲得最後的勝利。

最能顯示出一個人智慧的是，能在各種危險之間做出權衡，並選擇最小的危險。

——馬基維利

時間是一種有效的壓迫手段

想要把時間當作一種壓迫手段，誘導反對者變成贊成者，事先應該冷靜而仔細地搜集對方的資訊情報，窺探談判對手的心理，這樣一來，對自己必然有莫大的幫助。

要點心機、使點小壞，掌握一些厚黑技巧，往往是讓問題迎刃而解的最佳捷徑，同時也是現代人必備的智慧。

在談判或交涉過程中，絕大多數的人都會想要以最少的努力，獲得最大的利益。這種目的可不可能達成呢？

答案無疑是肯定的，只要懂得運用策略，能將自己的心機要得不露痕跡，就能輕而易舉贏得勝利。

「最後時限」對於兩國之間的談判，也是一個很重要的關鍵。歷史上有很多勝利

都和最後時限有關。

例如，越戰即將結束之時，美國和北越曾在巴黎舉行和平談判，據說在談判之前，北越就擬定了「以時間換取空間」的策略，在巴黎郊區租下一棟高級別墅，並且簽訂兩年的契約，準備用兩年的時間「長期抗戰」。

只要能善於利用時間來進行交涉或談判，往往都可以取得最後的勝利，這也是北越最後能夠獲勝的主要原因。

根據最後時限的談判方法，在會議的談判上也被廣泛利用。

例如，一個始終持相反意見的人，也許在開會的當天晚上會有些私事亟需處理，想儘快結束會議，這種心理狀態一旦讓談判對手知道了，對方就會想盡辦法儘量延長會議的時間，並故意提出：「今天所討論的事項雖然頗有進展，但是還沒達到彼此都滿意的程度，實在無法做出明確的結論，不如我們邊吃晚飯邊討論！」

這樣一來，一定可以使原本堅決反對的人，因爲急於脫身而改變初衷，也許不用多久的時間，就可以有具體結論了。

想要把時間當作一種壓迫手段，誘導反對者變成贊成者，有一個先決條件，就是在與對方談判之前，事先應該冷靜而仔細地搜集對方的資訊情報，窺探談判對手的心理，這樣一來對自己必然有莫大的幫助。

在天國的戶口名簿中，愚蠢的生物跟聰明的生物一樣，都是早就登記好了的。

——卡爾曼

善用「威望效應」達成自己的目的

如果你想要讓一個沒有自我主張，也沒有判斷力的人來附和你的意見，不妨巧妙地運用「威望效應」來達成自己的目的。

心理學家指出，人的內心深處有一種服從權威的傾向，經常會附和比自己優秀的人的說法，或者認同專家、名人的意見和判斷，特別是對於自己不太理解的事物時，無法明確下判斷之時，這種服從權威的傾向更爲明顯，這就是心理學上所說的「威望效應」。

當一個人的心理像一張白紙時，如果你向他提及「偉大的人物或名人的意見、判斷」，原來的白紙就會像通過影印機一樣，留下你所灌輸的印象。

根據各種心理學試驗，可以確定「威望效應」是很有威力的。

有一個心理學家曾經做過「威望效應」實驗。他讓接受這項實驗的人聽兩種音樂，並且告訴他們，第一種知名度不高，第二種屢獲評論家的推薦。聽完之後，他要這些接受實驗的人說出哪一種音樂比較好聽，結果，這些接受實驗的人不約而同地指出「兩者比較起來，前者似乎毫無價值」。

事實上，心理學家的說辭完全顛倒，很顯然的，這些接受實驗的人是受到心理學家的誤導，心裡認爲屢獲評論家推薦的音樂必然比較優越，所以實驗的結果，衆人一致指出第二種音樂好聽。

由此可見，所謂的名氣，往往隱藏著某種陷阱。

有一所高中也做過類似的試驗，該校請來三個人，就「對於犯罪的青少年應採取寬容的態度」進行演講，演講完後調查學生的同意率。

在演講之前，校長先介紹了這三位演講者的身分，一個是代表權威人士的法官，一個是代表中立的學生家長，一個是假釋中的麻醉藥銷售商。

實驗結果，同意法官裡論的占七十三%，同意家長代表說法的占六十三%，而認同假釋中商人論調的只有二十九%。

從這項實驗我們也不難明瞭，人往往受到大人物或權威名人的意見影響。

現今的社會裡，無論發生什麼事，報紙或電視上都會出現名人或專家的意見。此外，在一些商品廣告和促銷活動中，也經常高價禮聘知名的演藝明星來做代言人，這正是利用「威望效應」來進行推銷的目的。

如果你想要讓一個沒有自我主張，也沒有判斷力的人來附和你的意見，不妨巧妙地運用「威望效應」來達成自己的目的。

聰明人變成了癡愚，是一條最容易上勾的魚，因為他憑恃自己才高學廣，看不見自己的狂妄。

——伯頓

「暗示」是一種有利的武器

越是心思單純如白紙的人，越容易被暗示左右。對於那些沒有明確思想，頭腦像一張白紙的人，如果你想要讓他們贊成自己的觀點，「暗示」是極為有力的武器。

如果有人問：「你喜歡什麼顏色？」答案當然各有不同。但是，如果事先告訴他：「今年流行綠色。」那麼原本喜歡紅色或咖啡色的人，就很可能改變意見，轉而說自己喜歡綠色。

類似「今年流行綠色」這樣的話，事實上就是一種「暗示」。

有一個經營汽車買賣的朋友，經常利用人類的潛在心理來提高業績，可說是一位非常卓越的心理誘導者。

譬如，他每一次會議開始時，會先提出大綱，然後告訴職員們：「這是我的意

見，剩下的就讓你們自己去討論了。」

說完，他就坐在一旁不發一語，讓與會的職員們自己去討論，直到他們歸納出結論時，他才又發言說：「那麼，大家就努力朝這個方向前進吧！」他一講完，會議就宣告結束了。

他這樣做的目的，是要使職員們認爲事情是他們自己決定的，心裡充滿成就感之餘努力去達成目標。

事實上，職員們所歸納的結論，根本就是按照他所提出的大綱討論出來的。因爲一開始，他就決定好九〇%的大綱，並將大綱提出來做爲「暗示」，剩下十%有轉圜的餘地，就留下來讓職員們加以討論修正。

這種會議上的技術，當然不是公司老闆擁有的專利，任何人在會議上，都可以先提出自己的意見作爲暗示，再徵詢對方的意見。如此一來，對方極可能認爲你的意見和他的意見相同而加以贊成。

此外，心理學上有所謂的「錯誤前提暗示」，亦即事先提供錯誤的前提資訊，來誘導對方改變態度。

事先給予「錯誤的前提暗示」，足以擾亂對方的判斷，進而使對方產生錯誤的選擇心理。

越是心思單純如白紙的人，越容易被暗示左右。對於那些沒有明確思想和判斷力，頭腦像一張白紙的人，如果你想要讓他們贊成自己的觀點，「暗示」是極爲有力的武器。

如果只有二選一的話，往往可促使正處於迷惑中的對方做出「決定性的行動」。這種心理作用也可運用在推銷業上。

例如，店員在面對顧客買與不買的迷惑情形時，千萬不要問客人：「喜歡哪一種衣服？」

而應該問：「你喜歡哪一套衣服？黑的還是紅的？」其潛在的意思就是要催促對方購買，逼迫客人判斷出最喜歡什麼顏色。

在這裡要附帶說明，二選一時，可加上在選擇範圍內較有價值的評語。例如，剛才的例子也可以這樣說：「你是喜歡較有個性的黑色呢？還是喜歡較有普遍性的紅色呢？」

從這個提示中，顧客往往就會從「普遍性」和「個性」的紅色和黑色中來做出決定。

讓我們感謝傻瓜吧，若不是因為他們，我們就不可能獲得成功。

——馬克吐溫

誘使對方朝著你的方向走

雖然運用兩者中選擇一種的方法，常會產生許多障礙，但是，可以迫使處於疑惑不決的對方，朝著你所希望的方向去選擇。

美國演說家赫拉在提到「潛在心理術」時，經常引述歷史上偉大人物的政治演說當作例子，以下是他提過的兩個例子。

古代羅馬的政治家布魯斯特在殺害凱撒之後，有一場說服長老院長老的演說，其中一段話是這樣說的：「你們是希望讓凱撒死，而你們大家過自由的日子，還是希望讓凱撒活著，你們都淪爲奴隸終至死亡？這兩者，你們要選擇的是什麼？」

事實上，這段演說主要是爲了讓長老院的長老，放棄其他選擇的辦法，迫使他們在「自由」或「死亡」之中進行選擇。

另外，還有一句名言：「不自由，毋寧死。」

這是美國人爲了擺脫英國的統治，巴特利克郭利所說的一句話，又可稱爲是獨立戰爭的宣戰宣言。

選擇一個好的獨立宣言，對當時的美國人來說非常重要，因爲萬一失敗，是會被當作反叛者而處以極刑的。

爲了避免人們的迷惑，要人民自己做決定，於是巴特利克郭利採取了二選一的方法，「要鎖鍊還是要隸屬？要英國還是要戰爭？」以及「不自由，毋寧死」等等。

以這種強調一方的缺點，而在兩者中選一的方法，在自然的情況下，聽衆一定會選擇你希望中的那一個。

即使該項選擇的利益非常微小，但因爲別無其他選擇，聽衆也只有勉爲其難地選擇這一個。

雖然運用兩者中選一的方法，常會產生許多障礙，但是，可以迫使處於疑惑不決的對方，朝著你所希望的方向去選擇。

例如，當你要說服正在選擇學校的人時，可以這樣說：「與其勉強進入一流的學校，在競爭中產生挫折感，還不如進入二流的學校，自己努力讀書，反而更能產生自信心。」

像這種說服方式，一定可以解除正處於徬徨猶豫的考生和父母的疑慮。

談話永遠應當是旁敲側擊的，而不應直來直往，使自己的思想無退避的餘地。

——柯爾比

不利於己的話其實對你有利

如果為了讓對方相信自己，消除他的不信任感，而一再強調自己的優點，這樣反而缺乏說服力。還不如利用人類潛在心理的「彆扭心態」，來取得對方的信任。

美國在費城舉行憲法會議的時候，會議中分爲贊成派和反對派，討論相當白熱化。出席者的言論都非常尖銳，甚至演變成人身攻擊。

由於出席者有著人種、宗教方面的差異，利害關係相同的人自然結合在一起，議會充滿了火藥味和互不信任的氣氛。

眼看會議即將決裂時，持贊成意見的富蘭克林適時出面收拾了紊亂的場面，終於促使了憲法成立。面對反對派猛烈地攻擊，富蘭克林不慌不忙地對他們說：「老實說，對這個憲法我也並非完全贊成。」

這句話一出，議會紛亂的情形霎時停止了，反對派人士不禁感到懷疑，富蘭克林既然是贊成派，為什麼不完全贊成自己所提的憲法呢？

富蘭克林頓了一會，才繼續說：「我對於自己贊成的這個憲法並沒有信心，出席本會議的各位，也許對於細則還有些異議，但不瞞各位，我此時也和你們一樣，對這個憲法是否正確抱持懷疑態度，我就是在這種心境下來簽署憲法的。」

佛蘭克林的這番話，使得反對派的激動和不信任態度終於平靜下來，美國的憲法終於順利通過。

一般人要化解對方的不信任感，往往會以強硬的口氣說「請你相信我的話」，或者說「根本沒有那回事」，結果反而使對方的不信任感更加強烈。

因為這樣說，就像是要將對方的不信任全面否定，只保留自己單方面的主張，實際情況是一種正面的攻擊，這樣做是不會產生任何效果的。

對於一件事情，如果光是強調好的一面，那麼對方對於你所說的話，就會存有不信任的潛在心理。

如果為了讓對方相信自己，消除他的不信任感，而一再強調自己的優點，這樣反而缺乏說服力。還不如利用人類潛在心理的「彆扭心態」，來取得對方的信任。

例如，你可以先給對方一些不利於自己的消息，使對方覺得你「還蠻老實的」，這樣一來，他就會產生想聽你繼續說話的意願，你便可以附帶地爲自己說些好話，在不知不覺中，對方就會順利地接受你的誘導。

富蘭克林就是利用了這個技巧，先說一些對自己不利的話，使對方反而產生了信任感。

滔滔不絕是一種機能的失調，它使一個患者在想說話時，永遠收不住他的舌頭。

——比爾斯

假裝笨拙，讓對方產生優越感

當一個人面對著比自己優越的人，總會有種挫折感，在心理上會產生「你比我偉大，所以我討厭你」的感覺，這是一種無法滿足自尊心而引起的心態。

日本電視台每年都會公佈由全國觀眾票選的「人氣王」排行榜。有幾年所公佈的結果，最令觀衆有好感的男演員是武田鐵矢，許多觀衆都稱讚，武田鐵矢確實有不同於其他演員之處。

嚴格地說，武田鐵矢並沒有傑出演技或特殊才能，而且長相平凡普通，帶點傻氣，聲音也並不特別好聽，怎麼說他都不像是一個人緣極佳的演員。

他爲什麼會好幾次當選爲「人氣王」呢？

據說，他的秘訣就在於時常曝露一些自己缺點，而且毫無顧忌地說出來，給人當笑柄。

當然，這些給人的印象，都是他故意製造出來的。如果以潛在心理操縱來看，他眞是一個很會製造自己形象的演員。

時下的演員幾乎都是擁有貌美、頭腦聰明、歌唱得好、具有演戲能力等優點，他們總是儘量塑造出比別人更爲優越的一面。

但是，有時一個演員擁有的優點越多，給人的反感越是增加。例如，某些紅極一時或善於炒自己的演員，雖擁有壓倒性多數的影迷，但對他們抱強烈反感的人也相對增加。

從這裡我們可以得知，當一個人面對著比自己優越的人，總會有種挫折感，在心理上會產生「你比我偉大，所以我討厭你」的感覺，這是一種無法滿足自尊心而引起的心態。

像一些當紅演員，雖然他們的優秀才能是受歡迎的主要原因，但同時又是不受歡迎的主要原因，所以說人類的心理實在非常微妙。

當然，並不是說越傻的人就越能討好別人，每個人都希望自己能完美無瑕，但如果有時故意露出自己的醜態，使對方產生優越感，就會贏得他的好感。

像武田鐵矢的做法，就是在觀眾已經肯定了他的才能後，故意製造一些缺點，曝露在觀眾面前，使觀眾產生優越感，因而對他產生好感。

虛偽和裝傻當然會時時出現在我們的週遭，你可以告訴我世上哪裡沒有虛偽和裝傻嗎？

——哈茲里特

沉默可以喚起別人的關心

心理學家說，沉默可以喚起別人的關心，人一旦與他人斷絕了溝通的管道，就會產生惶恐不安的心理。將沉默的方式運用在日常生活中，可以使一個人從漠不關心的態度轉變為關心。

在日本的廣播界中，有一位叫德川夢聲的人，由於朗讀《宮本武藏》而名噪一時，晉身名人之列。

他之所以如此受歡迎，是因爲他善於採取「沉默」的方式。他往往在很短的時間內保持沉默，以激起聽衆好奇心，想聽他下一句究竟要說什麼。

將這種沉默的方式運用在日常生活中，也可以使一個人從漠不關心的態度轉變爲關心。

二次世界大戰之前，日本名士頭山滿，就有一段利用這個技巧的小故事。

有一次，頭山滿到某一所中學去演講，他踏上講台之後鞠了躬，然後就一語不發地呆立著。

時間過了一、二十分鐘，他仍一聲不吭，會場籠罩著一股沈悶的氣氛，顯得非常焦躁、緊張。

當會場的沉悶氣氛將要達到頂點時，頭山滿猛然開口說話。他說的第一句話是：「各位，如果你們不用功讀書，就會像今天的我一樣！」

接下他說自己學知識不足，悔恨當年讀書不用功。聽他演講的學生，也許這一生都不會忘記他那天演講的情形。

正如心理學家所說，沉默可以喚起別人的關心，人一旦與他人斷絕了溝通的管道，就會產生惶恐不安的心理。

頭山滿的第一句話，能使聽演講的學生腦海裡引起激盪，就是因爲他在斷絕了溝通的渠道後，學生的不安達到飽和點時，他再開口說話所致。

他的這種做法和德川夢聲所採用的沉默，效果是相同的，不管是故意還是無意，只要在語調紊亂時，稍微沉默一下，就會刺激觀衆的潛意識。

「沉默」會產生效果，經常運用就會體驗到它的妙處。

所謂不關心，就是內心裡完全不起波浪，沒有任何起伏的狀態。因此，不論什麼樣的感情，只要讓對方的心情有起伏，就可以誘導他朝你所希望的方向去做。

一個字只要不說出口，你就是它的主人，一旦你把它吐露出，你就成了它的奴隸。

——佳比洛爾

如何用「無中生有」填飽「肚子」

在日常交際中，直接向對方索求某些東西，很可能吃閉門羹；但若動一動腦筋，略施小計，既能達到目的，又不會令對方惱怒不已。

明朝嘉靖年間，某一年因爲旱災而鬧飢荒。有一天，幽默文人徐文長路過一座涼亭，見到一個商人模樣的胖子坐在裡頭打瞌睡，身邊放著兩包糕點，饑腸轆轆的徐文長便打起糕點的主意，於是走進裡頭挨著商人坐了下來。

豈知，這個胖商人這時機靈地醒了，氣惱地對徐文長說：「正在做夢，被你吵醒了！眞晦氣！」

徐文長便問他：「不知你做的是好夢，還是惡夢？」

胖商人見徐文長一副窮酸模樣，高傲地說道：「我們有錢人從來就只有做好夢，

不像那些窮鬼老做惡夢。」

徐文長打蛇隨棍上，順口說道：「這可不見得！不如這樣，我們當場比比看誰做的夢比較好？」

胖商人說道：「好，如果我輸了，這點禮品便送給你；要是你輸了，就得一路給我撐傘打扇。」

徐文長道：「好，打賭就打賭，不過，誰也不可後悔。我們對天發誓，如果反悔，當受懲罰！」

說完，二人煞有介事地對天發誓，又認認眞眞地抽籤，決定誰躺在什麼地方，然後同時閉眼睡覺。

兩人依約躺下之後，胖子不知是計，仰頭就呼呼睡著。假裝入睡的徐文長，肚子早就唱著空城計，便趁機把那些糕點全吃了。

過了一會兒，胖商人醒來，說道：「剛才我夢見皇帝宴請我，席上四時果品、美味佳餚應有盡有。世間還有比我這個夢更好的嗎？」

說完，胖商人便得意洋洋地看著徐文長。

徐文長一邊聽著胖商人敘說，一邊打哈欠，好像他的睡夢還沒醒，急得胖子連連催叫：「快說，你做了什麼夢？」

徐文長揉揉眼睛，終於開口說話：「巧得很，剛才我也夢見皇帝宴請我，還看到你也在那裡作客。我對你說：『你如今在皇宮，可別忘了涼亭裡放的糕點。』你說：『皇宮裡的東西好吃得很，那涼亭裡的土產，你就拿去吃了吧。』於是，我就回到涼亭，把糕點全吃了！你一夢醒來，沒有所得反有所失，我夢醒之後，沒有損失卻有所得，你說到底誰的夢好？」

腦筋不太靈光的胖商人聽了啞口無言，只好認輸。就這樣，徐文長巧妙地運用「無中生有」的計謀，贏得了賭局，也填飽了肚子！

「無中生有」可以是負面的「無風起浪」，也可以是正面的、積極的，能夠幫助一個人巧妙地解除困境。

例如，在人們的日常交際中，就不乏這樣的例子，你直接向對方索求某些東西，很可能吃閉門羹；但若動一動腦筋，像徐文長那樣略施小計，既能達到目的，又不會令對方惱怒不已。

把「無中生有」當作交際的重要謀略時，遇事必須多動腦筋。

當你遇到像徐文長那樣「饑腸轆轆」的困境，也不妨試一試「無中生有」謀略，趁機填飽自己的「肚子」。

在人際交往中，如果正道走不通，不要強行去走，因爲，這樣會使你耗費的精力太大，而收穫可能很小。

如果你懂得「投機取巧」，或許能夠很順利地接近你的目標。

想要建立良好的人際關係也可以仿效此法。你若想使自己的朋友多多益善，光是採取結拜兄弟的方式是不夠的，不妨暫時放棄直接交友的方式，在增加自身的魅力上下功夫，如誠懇待人、豐富學識、樂於助人……

如此一來，你就會形成一個無形的「磁場」，把朋友吸引到你的身邊。

厚黑智典

愚蠢者到處尋找幸福的蹤影，只有聰明的人懂得在自己的腳下播種幸福。

——詹姆斯

PART 2
「趁火打劫」
有什麼不好？
在市場經濟運轉的規律中，
「趁火打劫」是司空見慣的事，
有時候運用得當，
對方根本不會認為你是在趁火打劫，
甚至還會感激你。

擺出哀兵姿態說服對方

在商業談判中，如果強勢的手段無法說服對方，有時不妨擺出哀兵姿態，放低身段用哀求哭訴的方法，最後一定可以促使對方不得不答應。

設法挑起對方的同情心理，使對方從拒絕轉爲接受的說服方法，通常能發揮很好的功效。

美國心理學家巴卡德，將隱藏在人類心理中的同情作用，形容爲「隱身的說服者」，也就是以哭訴或哀求的方式，動搖對方的心理，使對方從拒絕轉爲勉爲其難地接受。

美國有兩位心理學家拉塔那和達利，曾經做過以下的實驗。

他們兩人找了一些大學生，讓他們站在紐約曼哈頓公園附近的馬路上，請求過

路的民衆幫助，給他們十美元。

實驗結果發現，無條件答應的占三十四%，詢問理由後，經解釋「錢丟了」而答應的占三十八%，因「想打電話」而答應的占六十四%，因「錢包被偷」的理由而答應的占七十二%。

社會心理學家稱這種反應爲「愛他行動」，簡而言之，就是在一個人得到訊息、資料後，如果產生同情心理，就會在不知不覺中想要幫助對方的行爲。

例如，新聞記者爲了尋找題材，往往不分晝夜。爲了取得珍貴的情報，不管是深夜還是清晨，都不得不去採訪新聞事件的主角。

像他們這樣死纏爛打地尋找題材，剛開始時，大多數人都不願開門讓他們進去，有時甚至還要費一番口舌，才能得到一兩句回應。

所以，嚴格說起來，新聞記者的這種「鍥而不捨」的採訪方式，也是動搖對方心理的一種「心理作戰」。

因爲他們糾纏不清，使對方逐漸感覺到壓力，而且這種壓力的負荷因次數越多而越沈重，最後終於動搖了對方的心。

在商業談判中，如果強勢的手段無法說服對方，有時不妨擺出哀兵姿態，放低身段用哀求哭訴的方法，最後一定可以促使對方不得不答應。

例如，可以用一副哀淒的模樣和語調對對方說：「請你高抬貴手，設身處地爲我想一想。」或是：「如果你站在我的立場，你就不會這樣說了。」

當然，經常用這種技巧也會令對方厭煩，尤其總是對同一個對象，這樣必然會招致對方反感，使得對方的拒絕態度更爲堅決。

所以，運用這種哀兵心理攻心術時要特別注意，千萬不要把招式用老。

人不會裝糊塗，就不懂得如何生活，裝糊塗既是盾，可以刀槍不入，又是利劍，什麼盾也擋不住。

——阿雷蒂諾

激發對方的優越心理

每個人都有自尊心和自信心，潛在心理都希望「站在比別人更優越的地位上」，或「自己被當成重要的人物」，從心理學來說，這種潛在心理就是優越的心理。

美國的一本攻心術書中，介紹了下面一則有關攻心術的故事。某家鑄造廠的業績始終低迷不振，員工工作沒幹勁，不是曠職就是遲到早退，交貨總是延誤，而且品質低劣，使消費者抱怨連連。雖然經營者指責過現場管理人員，也想盡辦法要激發從業人員的工作士氣，但始終不見效果。

有一天，這個經營者發現，他交代的事情一直沒有解決，於是就親自出馬了。這個工廠採取晝夜兩班輪流制，他在夜班要下班的時候，在工廠門口攔住一個作業員，問他：「你們的鑄造流程一班可做幾次？」

作業員答道：「六次。」

這個經營者聽完後一句話也不說，就用粉筆在地上寫下「六」。緊接著早班作業員進入工廠上班，他們看了這個數字後，不甘落後，竟改變了「六」的標準，做了七次鑄造流程，並在地上重新寫上「七」。

到了晚上，夜班的作業員爲了刷新紀錄，就做了十次鑄造流程，而且也在地面上寫上「十」。

過了一個月，這個工廠的業績大幅提升。

這個經營者僅用了一支粉筆，就重整了工廠的士氣，而員工們突然產生的士氣是從哪裡來的呢？相信你已經注意到，這是因爲有了競爭的對手所致。

作業員做事一向都是拖拖拉拉，毫不起勁，可是突然有了競爭對手後，就激發起了他們的士氣。

每個人都有自尊心和自信心，潛在心理都希望「站在比別人更優越的地位上」，或「自己被當成重要的人物」，從心理學來說，這種潛在心理就是優越的心理。

有了這種心理之後，人類才會努力成長，也就是說這種慾望是刺激人類不斷成長的基本元素。

這種優越的慾望，在有特定的競爭對象存在時，意識會特別鮮明。以學生來說，當他們想自己的成績變好時，就會有打垮競爭對手的意識，所以就會更加用功。

要能利用這種心理，並設立一個競爭對象，讓對方知道競爭對象的存在，就一定能成功地激發起一個人的幹勁。但是，如果以直接的方式揭示對方說：「他就是你的競爭對手。」效果會很差。

因爲，這樣好像給了對方一個強制性的壓力，使對方有了警戒的心理，他反而會在心理上產生反抗。

某個有名的中學教師，經常以學生的意願來編排座位，使成績相近的人坐在一起。如此一來，學生之間很自然地就會產生競爭的心理，因而會更加用功讀書。

有個經營者有一個長年爲他開車的司機，最近這個司機工作態度惡劣，不但經常遲到，而且開車時心不在焉，讓這個經營者毫無安全感。

然而，這個經營者並不直接責罵他，只是若無其事地對他說：「你也認識你的同行A君吧？他是你的晚輩，工作態度非常認眞，給人的印象很好，從來都不遲到早退。」

這個經營者只說了這些，就不再多說了。那個司機當時並沒有任何反應，但從此以後，他的工作態度就有了極大的轉變。畢竟在經濟不景氣的時代，每個人都想保住自己的飯碗。

以這種方式去引誘對方，讓他注意到競爭對手的存在，那麼你的目的就可以達到八十%。

對於勤勞者來說，一周有七個今天；對於懶惰的人來說，一周則有七個明天。

——斯旺爾

用自己決定的事情來誘導對方

用自己決定的事情來誘導對方，使他覺得像在決定自己的事情一樣。如果能以這種方法順利地誘導對方，才算是一種成功的操縱術。

美國羅斯福總統，在擔任紐約州州長時，他的民主黨州議員個個都有氣無力，沒有半點幹勁。每次開會，都有一些堆積如山的議案要表決，使他感到困惑，他想激發這些人的幹勁。

羅斯福巧妙地運用了誘導術，讓州議員挑選出一個人來，擔任州政府的重要職務。羅斯福知道，如果州議員對他所推薦的人不滿意，一定會以社會輿論反對的理由，拒絕通過該項議案。

但要選一個羅斯福和州議員都喜歡的人，定會大費周折。

所以，他就故意讓他們參與決定的過程，讓他們產生參與選舉的錯覺。最終的結果，州議會成了一架高效率的機器。

美國有一個心理學家，將領導者的類型分爲獨裁型和民主型，他認爲在沒有壓力的民主政治中，如果領導者能巧妙地運用攻心術，定能使部下富有朝氣，樂觀進取。所謂「參與意識」，內含了影響一個人幹勁的重要因素。

人的潛在心理經常會對和自己有關的事情，產生一種想瞭解得更深的「參與慾望」，雖然有時想不去理會某事，但這種想法卻違背了潛在心理的要求。

讓對方說出意見，充分地滿足他的參與慾望，能使對方產生強烈的參與意識。一旦人心裡有了這種意識，那麼，不管是集團或組織的目的，就會像是自己的目的一樣，會在不知不覺中，使工作態度和幹勁逐漸好轉起來。

美國心理學家雷德以他擔任多年上司的經驗說：「對部下不能用命令的方式，而要用詢問的方式。」

這也是希望在聽取對方的意見中，誘導出對方的參與意識，如此一來，可使對方的意見充分地表達出來，使參與意識發揮到最大限度。

其實，誘導對方的幹勁，讓他做出決定，不可能總是好的。因爲，讓一個能力不足的人下定決心，可能會產生相反的效果，讓持反對意見的人做決定，還會造成組織上的混亂。

因而，應該用自己決定的事情來誘導對方，使他覺得像在決定自己的事情一樣。如果能以這種方法順利地誘導對方，才算是一種成功的操縱術。

自己的腦子裡頭只裝著自己，這種人正是最空虛、最自私的人。

——萊蒙托夫

你是一個老謀深算的人嗎？

溝通走對了路，自然比正面進攻更受歡迎。無論做推銷工作，或者是處理人際關係，不妨學一學「聲東擊西」的謀略。

法國思想家盧梭曾經寫過一句值得深思的警句：「禽獸根據本能決定取捨，而人類則通過算計來決定取捨。」

人活在世上，不管做人或做事，難免要遭遇許許多多「人性習題」。我們不難發現，成功者並非比失敗者有腦筋，只不過他們面對「人性習題」，取捨之時，比失敗者多了一點心機。

並非只有安邦定國的大人物才有謀略，才需要謀略，其實，凡是生活在現實中的人，都離不開謀略。

所謂「人之爲人，在於謀略；人之爲強人，更在於謀略」，就是這個道理。

有人把謀略與老謀深算等同起來，不否認的，兩者確有很多相近、相通之處，不過要清楚所謂老謀深算「謀」的是什麼，「算」的是什麼？如果不是惡意惡果，何嘗不可？我們既佩服清心寡慾，更欣賞奮鬥進取，交際學中的謀略，每個人都得好好學幾手。

例如，人際關係的好壞，直接關係到推銷員的銷售業績。大凡優秀的推銷員都是交際高手，而在推銷員的交際中，口才又起了至關重要的作用。

你如果是推銷行列的新兵，一定羨慕老推銷員的好口才。我們雖不排斥有的人天生就善於言談，但絕大多數人是通過後天的努力而能說善道的。通常，好口才的練就，除具備豐富的知識和談話的技巧外，掌握說話物件的心理亦十分重要，否則你就無法與他人溝通。

有的人常常要與陌生人打交道，要把陌生人發展爲自己的客戶，這實在是一件不容易的事。

溝通走對了路，自然比正面進攻更受客戶歡迎。朋友，你無論做推銷工作，或者是處理人際關係，不妨學一學「聲東擊西」的謀略。

人是理智的動物，但是，當他必須聽從理智行動時，卻總是莫名其妙地大發脾氣。

——王爾德

「信口雌黃」會讓事業蒸蒸日上

在生意場上或交際場合，只要不存心陷害別人，應該多用「信口雌黃」的讚美策略，才會讓你的事業和人生一帆風順！

猶太人的經商天賦舉世公認，有人認為猶太人奸詐狡猾、貪得無饜，但不可否認的，猶太人也有精明、勤儉、恪守商譽的優點。

其實，任何民族的商人都有好壞之分，不過，猶太商人善於玩弄謀術，的確要高人一籌。

列維是一九九〇年從波蘭移民到美國的猶太人，到了美國之後，在波士頓當房地產仲介商。儘管他的美語講得很蹩腳，但業務卻做得有聲有色，一年的傭金據說高達二百多萬美元，他擁有名貴的轎車、豪華別墅，算得上一個房地產經紀業的成功人士。

列維有什麼秘訣，能夠迅速成爲移民中的新貴呢？

列維奉爲金科玉律的話就是：「只要用感情編織的繩索繫住你的客戶，你就會財源滾滾。」

這句話並不是列維說的，而是人際關係學教授喬·布魯斯著作扉頁上的格言。但是，列維對這句話領悟頗深，也運用得相當成功。

列維最初進入房地產經紀業，足足花費了三個月才推銷出一棟住宅，購屋的人是芭芭拉太太。

開張以後，列維的生意稍微順利一些，但還不盡理想。

有一天，列維看到芭芭拉太太送愛犬到獸醫那裡治療，靈機一動，寫了一張慰問卡給芭芭拉太太，以沉重的筆調說：「驚悉您的愛犬愛麗絲嬌體欠安，我聽了之後，比聽到女友宣佈要跟我絕交還要難過萬分！」

列維完全是信口雌黃胡說瞎扯，他正在熱戀中，把慰問卡扔進郵筒，便跟女友去迪斯可舞廳狂歡了。然而，列維的「關懷」馬上有了回報，一位新客戶主動打電

話來，聲稱是芭芭拉太太的朋友，委託列維到郊區幫她物色一棟休閒別墅。不用說，這是芭芭拉太太投桃報李，主動爲他介紹來的客戶。

列維手頭正有一棟這樣的休閒別墅急於脫手，但是，他不想在新客戶喬依斯女士面前表現得太心切。於是，列維在電話裡信口雌黃說：「您的要求要馬上實現有一定的困難度，不過我會盡力而爲，我這就爲您去找房子。」

第二天，列維打電話給喬依斯女士：「我跑了一整天，總算有一點眉目，我會繼續努力。」

第三天，列維又對喬依斯女士說：「目標已經確定，據說原屋主去了歐洲，我正在設法聯繫中。」

直到第十天，歷經「千辛萬苦」的列維才帶喬依斯女士去看房子。喬依斯女士見到列維這麼「盡心盡力」，自然相當感動。

喬依斯女士買下列維仲介的房子不久，她的曾祖母病逝了。其實，對喬依斯女士來說，這也不是什麼不幸的事情，因爲一個將近一百歲的老人死了，去見上帝倒是一種福分。

列維知道以後，馬上打電話給喬依斯女士，在電話中裝出抽泣的聲音說：「聽到老太太的不幸，我心情的傷痛，只有我母親病故才能與其相比……」

列維當然是隨便說說，老太太之死，身爲孫女的喬依斯女士都不覺得太難過，非親非故的列維怎麼會傷痛莫名呢？更何況，列維根本就不知道自己的母親是死是活。因爲列維十歲那年，父母離了婚，母親旋即嫁了個捷克人，移民到捷克去了。

儘管喬依斯知道列維虛情假意，但這番演出並沒有白費，喬依斯後來介紹了幾個想買賣房地產的客戶給列維。

列維雖然經常虛情假意、信口雌黃，但也有可取之處。他一直恪守著猶太商人講信譽的原則——在交易上不能有任何欺詐行爲，只可以在爭取客戶的過程中玩弄一些小技巧。

像列維這樣善於「玩弄」人際關係，又講究商譽的商人，生意當然蒸蒸日上。看了這個例子，你會把列維當成奸商嗎？

其實，消費大衆認定的所謂奸商，應該指專門坑騙顧客的生意人，至於只是善玩銷售技巧而不事欺詐的商人，就不會如此認定。譬如，你進服一家商店，老闆或

店員會滿臉堆笑，對你說一大堆甜言蜜語，或許他們只是爲了賣出貨品而隨便說說，但你往往不會計較他們是眞心還是假意，反而還會覺得舒服——這就是「信口雌黃」的魅力！

在生意場上或交際場合，只要不存心陷害別人，應該多用「信口雌黃」的讚美策略，才會讓你的事業和人生一帆風順！

隨便哪個傻瓜都會講真話，而要把謊話說得巧妙，可得要有點聰明。

——勃特勒

「鬼點子」發揮一石二鳥功效

如果我們能夠把自己想到的「鬼點子」，巧妙地運用在日常生活中，往往可以收到一石二鳥的神奇奇功效。

日本人大都相信世間有鬼魂存在，這對「鬼點子」特多的精明商人來說，也是一種不可多得的商機。久保田一平從保險公司經理職位退休後，正是利用人們的這種心理，想出一個「鬼點子」而開創事業的第二春。

有一天，他聽說神戶市內某地區有棟房屋曾發生過命案，屋內相當陰森恐怖，據說還常常「鬧鬼」，戶主自己不敢住，也沒有人敢承租。房主極想低價出售，卻沒人問津。

聰明的久保田一平心思敏捷，想出一個「鬼」主意，並且認為自己發財的機遇

到了。他看中這棟房子，想利用鬧鬼的傳聞，開一家「鬼屋」餐廳。他嫌光是發生過命案噱頭還不夠，於是選定日本人視爲一年中最不吉利的日子十一月十三日——日本航空公司空難祭日隆重開業，藉此大肆宣傳一番。

久保田一平「鬼迷心竅」的舉動令大家愕然，他的親朋好友莫不極力卻阻。然而，他卻不聽勸告，依舊信心百倍地忙著開業前的準備工作。

由於屋主先前一直賣不出房子，久保田一平只花了少得不能再少的租金，簽訂了長期合約，把這家「鬼屋」租下來進行裝修，當一切準備就緒後，他就決定搞一個別開生面的開幕大典。

十一月十三日這個最不吉祥的日子到了，熱鬧非凡的開業典禮也開始了，久保田一平邀請了近百名親友來觀禮，又邀請了五位法師前來誦經，做起捉妖、驅鬼、降魔的法事。

法師穿上紅紅綠綠、奇形怪狀的法衣，用擴音器唸完經文之後，又燒了一大堆金紙、銀紙和香火，在一片鑼鼓聲中抬來一座神轎，轎內是一尊神像，法師們拿起它，執刀仗劍狂奔亂跳，那場面頓時變得昏天黑地、妖風四起，令人心驚膽顫。

由於久保田一平事先作了開業宣傳，很多未曾見過古代驅鬼除魔儀式的人，好奇地趕來看熱鬧，人越聚越多，幾乎是人山人海，盛況空前。被招待的人士更是感到新鮮。

這樣地喧騰一番，無形中給餐廳做了一次絕妙的廣告。一切都在久保田一平的意料之中，消息像長了翅膀一樣迅速在神戶市傳揚開來，引起社會各界人士的好奇，紛紛前來體驗這間「鬼屋」餐廳的風味，加上久保田一平本身就是烹飪高手，因此，「鬼屋」名聲大振，生意日益走紅。

久保田一平知道，絕大部分顧客來「鬼屋」是因爲好奇心理。爲了不使客流量下降，他常常挖空心思招攬客人，譬如，他利用一般人不服輸的心理，在通往「鬼屋」餐廳的十字路口，立了一塊廣告看板：「膽小的人請勿上門——『鬼屋』業主久保田一平」。

誰願意自認爲膽小鬼？結果，吸引很多看到這塊廣告看板的路人或旅客到「鬼屋」一遊，以證明自己不是膽小鬼。

久保田一平旗開得勝後，便藉著「鬼屋」的名氣，專門在各地開設「鬼氣森森」

的餐廳，逐漸發達成一個擁有幾十家連鎖餐廳的大富翁，成爲家喻戶曉的傳奇性人物。原先反對久保田一平開「鬼屋」餐廳的親戚朋友，不得不佩服他的鬼聰明。

久保田一平謙虛地說：「我其實是個很愚笨的人，我之所以想到這個鬼點子，並且充滿信心，全憑我在保險公司當業務員積累的與人打交道的經驗。保險客戶的心理，就是一般人的心理，只要能抓住人的心理，不管什麼事情做起來，就不會盲目。」

久保田一平正是利用人們「信鬼神，怕鬼神，又想見鬼神」的心理，在開業的那天運用「一石二鳥」之術，使驅鬼儀式盛況空前，又爲日後的客源打下了非常好的基礎。如果我們能夠把自己想到的「鬼點子」巧妙地運用在日常生活中，同樣也可以收到一石二鳥的奇效。

厚黑智典

人只有在無知的時候才是無憂，隨著知識的增長，疑惑和創造力也在不斷加深。

——歌德

吃虧是為了佔便宜

「吃虧得福」，是一種有意識的吃虧，甚至是工於心計的謀略，不像有的人亂吃虧，什麼虧都吃，事後還被人當成大傻瓜。

我國寓言作家克雷洛夫說：「那些道貌岸然的人不斷欺騙我們、奴役我們、出賣我們，荒唐的是，大多數人卻稱呼他們是偉人。」

世間到處充滿著虛假，裝出慈悲和善的臉孔，正是熟諳厚黑權術的人的拿手好戲，爲了達到自己所追求的目的，他們經常以最美麗的外表、最動人的言詞欺騙別人的耳目。

因此，你必須學會辨識險惡的人心，學會應付面厚心黑之輩，才不會被這些小人踩在腳底，還以爲「吃虧就是福」！

「吃虧得福」與「吃虧是福」雖然只有一字之差，含意卻不盡相同。

「吃虧是福」是一般人吃虧之後常有的自我安慰心理。但是，我們必須了解，有的人一輩子吃虧，卻從沒得到什麼實質意義的回報。

當然，如果他們心安理得，無所奢求，堅持「吃虧是福」數十年，得到旁人口頭上的讚揚，在心理上覺得滿足，這也眞的是「吃虧是福」了。

「吃虧得福」與「吃虧是福」最大的區別是，前者是一種處世謀略，「吃虧」的唯一目的就是爲了「得福」。

譬如，如果你是一個商人，必定想發財；如果你是一個有進取心的薪水階級，一定想升職；如果你是一個推銷員，當然想獲得優異的銷售業績；如果你是一個喜歡交朋結友的人，必然希望朋友尊重你、重視你，以擁有你這個朋友而自豪。因此，當你採取「吃虧」謀略的時候，一定期望獲得相對的回報，如此才是「吃虧得福」的眞正意義。

一九九二年，當中國醫學界、出版界人士爲了著名的醫學鉅著《默克診療手冊》

著作權問題大傷腦筋的時候，這部著作的著作權擁有者、世界最大的製藥企業——美國默克公司公關部出人意料地宣佈，願意將《默克診療手冊》無償贈送給中國，交由人民衛生出版社在中國境內出版發行。

在中國醫學界人士看來，《默克診療手冊》等於是美國的《黃帝內經》，成書於一八九九年，有近百年歷史，其間經過學者專家不斷修訂，長銷不衰。

默克公司每年將銷售額的十分之一投入科技研發工作，公司不斷推出新藥，更使得該部經典鉅著與時俱進。

一九九一年，默克公司光花在研究的經費就高達十億美元，其中一部分投入這部鉅著的修訂，延攬美國的醫學權威參與這項工作。這部修訂中的鉅著引起世界醫療界的關注，也讓中國醫療界和出版界的垂青不已。

那麼，默克公司爲什麼要免費贈送版權給中國，做這種賠本的買賣呢？

原來，默克公司想以此書作爲攻佔中國市場的敲門磚。中國大陸自從改革開放以來，國民所得持續增加，無論是醫院還是患者，都樂於用貴藥、新藥、洋藥，若能打入中國市場，無疑將獲得鉅額利潤。

《默克診療手冊》在中國大陸出版發行，等於中國出版業為默克公司做長期廣告宣傳，將使得默克公司在中國的知名度大幅提高，必然有利於默克的藥品在中國市場行銷。

默克總裁相當聰明，深諳「吃虧得福」的道理，並且堅信日後必有豐厚的回報。

商界如此，人際交往過程何嘗不是如此？

在現實生活中，儘管「吃虧得福」的例子比比皆是，但並不是人人都能「吃虧」，並獲得預期的圓滿結局。

譬如，急功近利的人就做不到，他們雖然明白這個理論，但往往「好漢不吃眼前虧」。

心胸狹窄的人也難做到，因為他們會意氣用事，心想對方欺人過甚，當場就可能毫不客氣地回敬對方。

心眼太老實的雖然能夠吃虧，但是根本不懂得吃虧的用意，往往什麼虧都吃，成了別人眼中的大傻瓜。

「吃虧得福」，是一種有意識的吃虧，甚至是工於心計的吃虧。深諳「吃虧得福」之道的人還懂得拿捏分寸——要讓全世界的人都知道他們吃虧，倘使暗中吃虧但卻無人知曉，他們就不吃這個虧了。

從這點來說，「吃虧得福」其實是一門相當精妙的處世謀術。

想要實現自己的抱負或達到某種目的，就得好好物色吃虧的對象，吃虧的同時，更要使對方明白你有所付出；人情累積多了，他就不得不設法回報你。只要你的目的不奸詐、不卑劣，你要求的回報不至於令對方違紀犯法，你就可以嘗試一下「吃虧得福」的滋味和收穫。

人的好壞似乎不像棋盤那樣黑白分明，即使最糟糕的人也有他們可以利用的地方。

——毛姆

「趁火打劫」有什麼不好？

在市場經濟運轉的規律中，「趁火打劫」是司空見慣的事，有時候運用得當，對方根本不會認為你是在趁火打劫，甚至還會感激你。

一般人會對「趁火打劫」的行徑感到鄙夷與不屑，認爲這是不道德的行爲。

其實，這種觀念未免過於迂腐。敵我交戰的時候，如果你認爲趁敵人疲憊或內訌時發起攻擊，是不道德的行爲，那麼，等到敵人休養、整頓過後，你可能就會一敗塗地。

任何的謀略都是超越政治界限和道德標準的。因此，趁火打劫的計策，既可以用於政治、軍事，當然也可以用於商業競爭。

在市場經濟運轉的規律中，「趁火打劫」是司空見慣的事，有時候運用得當，對方根本不會認為你是在趁火打劫，甚至還會感激你。譬如，要兼併一家企業的最好時機，當然是趁這家企業發生財務危機或經營困難的時候，否則不僅要多花很多錢，甚至會吃閉門羹。

因此，聰明的人知道很多商機總是發生在天災人禍時，或者說天災人禍往往是商機滋生的沃土。

二十世紀八〇年代初，可怕的愛滋病開始在美國流行，任何藥物都阻止、醫治不了性接觸後帶來的後果——死神的威脅。

性觀念開放但又怕因此而去見上帝的美國人後來發現，有一種小玩意能夠有效地預防死神的襲擊，那就是保險套。

當時，由於美國生育率偏低，政府並未鼓勵成年人使用保險套，保險套銷路平平，各個廠商的庫存量也極為有限，然而愛滋病使得市場需求量突然暴增，數量有限的保險套一時無法滿足市場需求，導致價格飆漲，供不應求。

這時，有兩位嗅覺特別靈敏的日本商人獲悉美國市場的這個資訊，猶如發現了一座金山，立即在最短時間內，開動公司的機器，日夜加班生產成箱的橡膠保險套，火速空運到美國。

保險套一時成爲商品市場最耀眼的明星，衆多的代銷店門庭若市，兩億多個保險套不久便銷售一空，並且價格是原先的三倍！

愛滋病這把「火」，燒得美國人人心惶惶，紛紛搶購保險套，造成市場需求量突然激增。兩位日本商人則抓住了稍縱即逝的商機「趁火打劫」，狠狠撈了一把。

其實在這件事情上，「趁火打劫」含有極爲正面的意義。日本商人只是發現商機，「趁」了愛滋病這把「火」，並沒有負面的打劫行爲，相反的，由於他們及時提供了保險套，對於防止愛滋病蔓延，還頗有功勞。

當然，日本商人的主觀願望並非想阻止愛滋病危害美國人民，而是藉此天賜良機掏美國人的荷包——這是生意人的正常心理，原本就無可厚非。倒是這兩個精明日本商人的機敏迅速，値得效法。

「火」並不常有，有些經營者在「火」起之時，常常因爲瞻前顧後、怯於下手而坐失良機，稍一猶豫便無利可劫。

只有目光敏銳、身手快捷的企業家，才能「火」起人不亂，抓住商機迅速出擊，從中獲得最豐碩的利潤。

我們在交際中也可以巧妙地「趁火打劫」的策略，譬如，某位你喜歡的對象生病或和情人吵架了，你可大膽地前去探望，送一束鮮花或邀她外出散心，使她對你產生好感，便可由此進一步發展彼此的愛情關係。假如在平時，你恐怕就沒有這樣好的機會趁虛而入。

又如，與你心存芥蒂的同事遇到麻煩，如果你想化解彼此的心結，不妨伸出援手幫他一把，他會對你心存感激，你們之間的芥蒂自然會消失。

人都認為，自己的命運要由自己引導，但在心靈深處，卻任憑命運去擺佈。

——歌德

用「聲東擊西」掩飾自己的目的

不管是在戰場、商場，還是人際關係上，當你處於險惡的環境之中時，不妨使出「聲東擊西」的計策，運用得恰到好處，就可以達到自己預期的目的。

在某些特殊情況下，為了達到某種目的，可以運用「聲東擊西」的方法來進行偽裝，掩蓋自己的眞實意圖，進而瓦解對方的心防。

民國初年，「風流將軍」蔡鍔巧妙逃脫袁世凱的魔掌，組織護國軍討袁，就是利用這種「聲東擊西」的招數。

蔡鍔到底怎麼施展他的聲東擊西計策呢？

當時，袁世凱處心積慮想要復辟稱帝，但是又怕遭到雲南都督蔡鍔等開明派軍人阻撓，於是設計將蔡鍔調到跟前嚴加看管。

在袁世凱面前，蔡鍔知道自己隨時有殺身之禍，只好裝聾賣傻，故意語無倫次，一問三不知。

有一天，袁世凱的一個心腹拿出一本贊成帝制的「題名錄」，故意放在蔡鍔面前，試探他對袁世凱恢復帝制的態度。

蔡鍔對恢復帝制深惡痛絕，但是身陷險境，不能表露出一絲眞實的心意，便裝成非常高興的樣子，揮筆大書「贊成」二字，把自己僞裝成帝制的擁護者，還經常與一班擁護帝制派人物廝混，打得火熱。

然而，袁世凱仍對蔡鍔存有疑慮，派心腹暗中監視他。

蔡鍔受到袁世凱監視期間，爲了早日逃脫袁世凱所設置的樊籠，想出了最絕的「明修棧道，暗渡陳倉」之計。

他裝出一副樂不思蜀的模樣，成天涉足青樓柳巷，結識了當時的京城名妓小鳳仙。

小鳳仙原是清朝某旗人武官的女兒，父親死後無依無靠，不得不淪落風塵。她粗通文墨，喜吟歌詞，更兼有一副俠義心腸。

小鳳仙慧眼識英雄，對蔡鍔另眼相待，交往久了，兩人遂結爲知己。

從此以後，蔡鍔天天沉浸在溫柔鄉，與小鳳仙打情罵俏。一個郎才，一個女貌，一時成爲北京街談巷議的話題。

大家都說英雄果眞難過美人關，連蔡鍔這樣的堂堂大將軍，也不免貪戀美色，整日沈溺在脂粉堆裡，無法自拔。

當「風流將軍蔡鍔」的風流韻事傳到袁世凱耳裡，袁世凱異常地高興，暗自冷笑著想道：「這就好了，終於又少了一個敵手，看來眞是英雄難過美人關啊。」

高興之餘，袁世凱還送給蔡鍔一些金銀細軟，以供他到青樓柳巷揮霍。

其實，袁世凱中了蔡鍔「聲東擊西」的計策。蔡鍔利用小鳳仙作爲掩護，瓦解袁世凱的心防，使他鬆懈監視。

小鳳仙不愧爲巾幗英雄，積極爲蔡鍔逃離虎口而四處奔走聯絡。最後，蔡鍔在小鳳仙的幫助下終於脫逃成功，離開北京回到雲南，組織討袁護國軍，打響了向袁世凱政府進攻的第一槍。

不管是在戰場、商場，還是人際關係上，當你處於像蔡鍔將軍那樣的險惡環境之中時，不妨使出「聲東擊西」的計策。

當然，在進行這種計謀時，還得看你如何隨時應變，運用得恰到好處，自然可以達到自己預期的目的；萬一弄巧成拙，就變成了掩耳盜鈴。

機會的全部頭髮都長在前額上，一旦走過去，你就無法再抓住它了，因為它的後腦是光禿禿的。

——拉伯雷

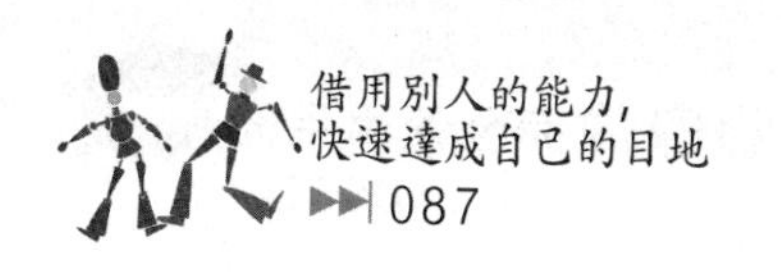

如何讓你的心靈和別人沒有距離

空間對人類潛在心理影響很大，空間往往會改變人的思想和行動方式。過大的空間和距離會使員工產生一種階級意識，並心存顧慮。

某公司由於發展很快，新進的員工逐漸增多，使得原來的辦公室變得非常擁擠，甚至連新進員工的桌子都沒地方放。因此，老闆便把辦公室搬到一個較寬闊的大樓，希望員工們表現能比原來更有勁。

可是，老闆的一番好意卻被辜負了，新辦公室裡的氣氛反而不如原來那麼活潑和熱絡，顯得相當沈悶。

以前不管發生什麼事情，上司和下屬之間總是嘻嘻哈哈打成一片，下屬也經常提出建設性的建議，但自從搬入新的辦公室以後，下屬提意見時總有顧慮，開會時也總是出奇的安靜。

上司們感受到這種狀態是一種危機，試用過很多辦法，想要使辦公室的氣氛回復到原來的樣子，但效果不佳。

最後，他們終於想到改造辦公室的辦法，故意使寬大的辦公室縮小，變成原來辦公室那樣窄窄小小的，讓桌子並排放在一起。

原本，他們擔心有些員工會抱怨，但是，結果並沒有任何怨言產生，反而恢復了原來的活潑氣氛。

這個辦公室的故事，說明了空間對人類潛在心理影響很大，空間往往會改變人的思想和行動方式。

只把辦公室縮小，員工就恢復了原來的親密感和朝氣了，上司和下屬之間的距離也就縮小了。

在寬大的辦公室裡，上司和下屬的位置間總留有一定空間，各部門間也存有距離。過大的空間和距離會使員工產生一種階級意識，並心存顧慮。

如此一來，當然有什麼話也不敢直接發言，這種潛在意識很自然就使彼此間產

生了距離。

但是，只要讓上司和下屬，以及各部門之間擠在一起，每天一起做事，就可以消除下屬的顧慮，甚至產生一種自由交談的氣氛。

社會是一個化裝舞會，人人都掩飾著自己的真面目，卻又在掩飾中曝露了自己的真面目。

——愛默生

PART 3

釜底抽薪，才能徹底消滅敵人

人際關係既有友善的一面，
還有險惡的一面。
想要排除險惡，
不妨運用「釜底抽薪」的計策，
戰勝給你帶來險惡的人。

換一種說話方式去罵人

在現代的日常生活中，我們屢屢見到令人激昂憤懣的事情，這時，便可以借著一件事物或虛構情節，「指桑罵槐」一番，就能夠既宣洩滿腔憤懣，又教訓了所要批評或責罵的人。

漢武帝即位之後，開始討厭餵養自己長大的乳娘，嫌她好管閒事，事無大小都囉哩囉嗦，後來便決定將她趕出宮外。

乳娘在皇宮住了幾十年，當然不願離開宮廷生活，在無可奈何的情況下，便向漢武帝身邊的紅人東方朔求助，希望他能幫忙說些好話緩頰。

她把事情告訴東方朔後，東方朔安慰她說：「這沒什麼困難，只要妳向皇上辭行的時候，回頭看皇上兩次，我就有辦法了。」

東方朔以機智幽默著稱，是清朝大文人紀曉嵐最推崇的人物，他深知漢武帝是

乳母一手撫養大的，乳母對他的恩情勝似生母。但乳母也有不是的地方，喜歡多嘴饒舌，尤其是漢武帝即位後，已經貴為一國之君，她卻不知收斂，常常毫不客氣地指出他的缺失，使得他下不了台階。

但不管怎樣，乳母終究是乳母，雖有小過錯，還不至於非把她趕出去不可，因而東方朔決意幫助乳母。

到了送乳娘出宮的日子，乳娘叩別漢武帝後，滿眼淚水，頻頻回頭向武帝看幾次。這時，東方朔乘機大聲說：「乳娘，妳點快走吧！皇上早已經用不著妳餵奶了，妳還擔心什麼呢？」

漢武帝一聽此話，心弦一震，感到十分難過，想起自己是乳母餵養長大的，她又沒犯什麼大過錯，就立刻收回成命，讓她繼續留在宮中。

東方朔不愧是處理人際關係的高手，如果他直接向漢武帝進諫，搞不好會使漢武帝惱羞成怒，反而把事情弄得更糟。他採用「指桑罵槐」的策略，輕鬆地達成目的，可謂妙不可言。

其實，在現代的日常生活中，我們也屢屢見到令人激昂憤懣的事情，然而，在某些場合，或因爲事情涉及某些身貴名顯的人，不便公開地直接罵人，這時，便可以借著一件事物或虛構情節，「指桑罵槐」一番，就能夠既宣洩滿腔憤懣，又教訓了所要批評或責罵的人。

有些脫口而出的話語，儘管言者無心，卻常常無意之間道出事情的真相。

——勃特勒

培養「順手牽羊」的能力

人生處處是驚奇，平時就要培養見微知著的洞察力和「順手牽羊」的應變能力，一旦「羊」出現的時候，就能將它辨認出來，隨即牢牢抓住。

古人說：「聚沙成塔，積腋成裘」、「小富在勤，大富在天」，強調要想致富成事，必須從小處著手，積少成多，才能夠爲自己開創大業積累本錢。

爲什麼大富要依賴「天」呢？古人所謂的「天」，還包含著機會的意思，也就是說，要善於把握住致富的機會。

當今社會，競爭越來越激烈，不管從事什麼行業，光靠勤勞是不夠的，光靠財力也維持不了太長。事業成功所需的因素相當多，機會就是其中一項重要的因素。

機會有一個最大的特徵——它是變動不羈的，而非固定不動的。所謂「機不可失，時不再來」，想要在激烈的社會競爭中獲得勝利，必須牢牢掌握住從身邊掠過的任何一個機會。

今天我們常吃的速食麵，就是台灣出生的安藤百福，從尋常的生活現象中得到靈感，抓住生財機遇開發出來的。

大約六十年前，安藤百福在大阪市開設了一家以加工食品爲主的「日清公司」。安藤百福每天下班後，都要乘坐電車回到他居住的池田市。在車站附近，他常見到許多人擠在飯館和麵攤前，等著吃熱麵條。剛開始，他對這種很普通的畫面並沒有任何感觸，但是，有一天他猛然從中悟出一個道理：「既然麵條這麼受歡迎，肯定就有潛在的商機，那麼，從事麵條生意不是很好嗎？」

經過仔細評估，安藤百福發現，吃熱麵條需在餐館或麵攤前排隊等待，對客人而言既費時又費事，不太理想。那麼，能不能製造出一種既省時方便，又熱乎乎的麵條來？他又進一步琢磨：「假如能生產出一種用熱開水沖泡就馬上能吃的麵條，肯定會大受歡迎。」

於是，他開始試製設想中的新型食品，在試驗中不斷失敗，不斷改進，他都沒有氣餒。他一直鼓勵自己：有志者事竟成，只要努力，天下沒有辦不成的事。

安藤百福記不清自己究竟經歷了多少次試驗，但是到了一九五八年，他的試驗終於獲得成功。他研發的「雞肉速食麵」推出之後，成爲食品市場最暢銷的產品，僅僅八個月，便銷售了一百三十萬包。

「雞肉速食麵」瘋狂熱賣，當一包包「雞肉速食麵」被顧客從貨架上取下來，又冒著香噴噴的熱氣出現在廣大用戶的餐桌上，安藤百福激動得流下了眼淚。

爲了打開速食麵的海外市場，安藤專程去了英、美、法等國考察。

他發現速食麵的袋裝、質量、調味都很好，可就是在吃法上有障礙，主要問題在於容器。於是，他與美國達特公司合作，成立了日清達特公司，研製適應美國人用叉子吃麵條的容器。

五年後，日清公司又推出杯裝麵條，杯裝速食麵又很快再一次風靡市場。安藤百福成爲了世界知名的「速食麵之王」。

「速食麵」是安藤百福出入車站時，順手「牽」出的念頭，也許其他人也有過這種念頭，但安藤百福與別人不同，他牢牢抓住這個念頭，牢牢牽住這隻「羊」，不讓它跑掉，因而發了大財。

安藤百福的例子提醒我們，人生處處是驚奇，平時就要培養見微知著的洞察力和「順手牽羊」的應變能力，一旦「羊」出現的時候，就能將它辨認出來，隨即牢牢抓住。

這個謀略，對我們爲人處世也大有裨益。譬如，如果你常常感歎自己缺少知心的朋友。那麼，你不妨問問自己：我平時是否有交朋結友的迫切願望？我是否把握住了交友的機遇？

想要結交知心的朋友，就要先讓別人留下好感。在交談中一旦發現潛在的好朋友，就牢牢抓住不放。

只有自己先擁有「順手牽羊」的本事，「羊」才可能被你牽著手。

有四種東西你永遠無法挽回：說出去的話，射出去的箭，消逝的時間，錯過的機會。

——伊本·歐馬爾

有些事你可以裝作不知道

「明知故昧」的謀略，不是消極的明哲保身，而是對已經知道的事情故意裝作不知道，積極地排除人際關係上的種種摩擦和障礙，讓自己日後得以大展宏圖。

春秋時期，有一次楚王大宴群臣，名曰「太平宴」，所有文武官員和宮內的寵姬妃嬪統統出席這次盛筵。

席間奏樂歌舞，美酒佳餚，正是「男女雜坐，履舄交錯，羅襦襟解，香澤微聞」的快樂狂歡。

君臣暢飲到了黃昏，楚王感到意猶未盡，便命人點起燭火繼續夜宴，還特別叫最寵愛的兩位妃子許姬和麥姬，輪流向眾臣敬酒。

忽然，一陣狂風，把堂上的所有燭火吹滅，會堂一片漆黑。這時，楚王的愛妃許姬突然覺得自己被別人摸了一把，她知道摸她的人不是楚王，也不是其他嬪妃，而是一名男性大臣。

許姬氣得不得了，把手用力一甩，同時順手扯斷了那人頭上的纓帶。

許姬拿著纓帶匆匆回到楚王身邊，對楚王說：「我剛才奉命敬酒，燭火熄滅後，有人乘機調戲我，我扯斷了他的纓帶，快叫人點亮火燭，就能知道是誰調戲我了。」

楚王聞言先是一驚，但馬上又鎮定下來想道，現在正是用人之時，在座的又都是高級文臣武將，若因小失大，豈不壞了國家大事？

於是，楚王在點亮火燭前突然大聲宣佈：「今天歡宴，衆人須盡情歡樂，爲打破拘謹，請大家都摘掉官帽，開個不分官職大小、尊貴卑賤的『絕纓會』」。

衆臣聽大王說完，全都摘了官帽，等點上火燭後，又都盡情歡娛，直到深夜。

待宴盡人散，許姬陪楚王回到後宮之後，責怪他爲何不抓起那個色膽包天的官吏。楚王笑著說：「妳不知道，此次宴會目的在狂歡，酒後狂態乃人之常情，如果把那人揪出來，豈不是大煞風景？這又豈是宴會的原意？」

許姬聽說後，方才拜服楚王高見。

後來，楚王伐鄭，有一名健將獨率百人為三軍開路，一路斬將奪關，直逼鄭國京邑，使楚王聲威大振，此人就是當年摸黑揩許姬的油，非禮王妃的唐狡。

七〇年代，香港邵氏影城，也發生過類似的故事。當時，王羽是邵氏兄弟影業公司當紅的武打明星，他領銜主演的「獨臂刀王」系列武俠片相當賣座，被圈內人士喻為邵氏公司的搖錢樹。

王羽年輕氣盛，脾氣十分暴躁。據說，有一天，他在影城食堂吃飯時，嫌飯菜不好，竟勃然大怒掀翻桌子，把碗缽一個一個摔到地上砸個稀巴爛，旁人無人敢勸他。這時，正好老闆邵逸夫打從食堂旁走過，聽到打碎碗缽的巨響，停下腳步一看究竟，當他看到是王羽在鬧事時，馬上轉頭就走，當作什麼事也沒發生。

按理說，邵逸夫才是邵氏影城一手擎天的人物，王羽雖然了得，但也是邵逸夫一手捧紅的，要不是他當年決定擢用王羽演主角，王羽哪能紅透半邊天？但是，邵逸夫不僅將此事忍了下來，還當什麼也沒發生。

當然，邵逸夫是為自己的電影事業著想，王羽有票房號召力，只有遷就他。如果此時把王羽臭罵一通，說不定王羽一氣之下，就投奔邵氏公司的競爭對手。王羽砸碗砸缽，比起賣座的電影的鉅額收益來，畢竟是小事一樁。

事後，王羽氣消冷靜下來，聽人說邵逸夫曾經路過食堂而沒發作，內心十分感動，發誓死心塌地要爲他效命。

「明知故昧」的謀略，不是消極的明哲保身，而是對已經知道的事情故意裝作不知道，積極地排除人際關係上的種種摩擦和障礙，讓自己日後得以大展宏圖。

實際上，在我們處理複雜而微妙的人際關係時，能夠做到「明知」而「故昧」的地步，絕非容易之事，非有高度涵養不行。

你不妨捫心自問，自己行嗎？如果還不到這種修爲，那就得更加努力訓練自己。

寬恕自己的仇敵應該是容易的，假如一時之間沒有什麼妙計可以報復他們的話。

——海涅

「調虎離山」是為了克服困難

子貢為了達到「存魯」的目的，使出調虎離山之計，在各國之間挑撥離間，製造混亂，不可謂不絕。

春秋時期，齊國宰相田常想發動政變自立爲王，但又怕齊國的高、國、鮑、晏四大家族實力太強，政變難以成功，於是心生一計，打算調這四家的兵力去攻打魯國，藉此削弱他們的實力。

魯國是孔子的家鄉，孔子聽到這個消息，深怕魯國遭難，連忙派子貢趕到齊國遊說田常。

子貢對田常說：「伐魯不如攻吳，如果把魯國滅了，高、國、鮑、晏四家的實力不就更強了嗎？而攻吳一旦不勝，就大大削弱了四家的兵力，你就可以爲所欲爲了；縱使攻吳獲得勝利，這四個家族也會耗去很多兵力，到時候你也是勝利者。」

田常擔心改變計劃，轉而伐吳會受到大臣們的懷疑，子貢於是說：「我先去勸吳王救魯伐齊，到時候你再名正言順派齊軍迎擊就是了。」

子貢到了吳國，對吳王夫差說了一大套「伐齊大利」的理由，夫差聽了很高興，表示願意出兵攻打齊國，可是擔心越國從背後暗算。

子貢就說：「那我去勸越王，讓他興兵與你一道伐齊。」

子貢見到越王勾踐，把助吳伐齊的好處講了一大堆，勾踐聽從了他的意見，當下允諾一同出兵。

接著，子貢又到了晉國，說吳國和齊國爭霸，勝者必然會乘勝伐晉，要做好戰爭的準備。

隨後，吳王夫差果然興師伐齊，大破齊軍，接著又移兵威逼晉國，在黃池大會諸侯。越王勾踐則趁吳軍主力北上，發兵襲吳。夫差回軍與越王三戰而不勝，最後被勾踐逼得自殺。

對此，司馬遷後來在《史記》中記敘說：「子貢一出，存魯、亂齊、破吳、強晉、霸越。」

子貢爲了達到「存魯」的目的，使出調虎離山之計，在各國之間挑撥離間，製造混亂，不可謂不絕。

在現實生活中，我們可以發現一些擅長處理人際關係的領導人，經常巧妙地用調虎離山之計。

譬如，有的下屬常常自恃有功而表現得不可一世，有的下屬則喜歡在同事間挑撥是非，弄得辦公室內關係緊張，這時，領導人就會硬兼施派他們駐外，或調他們外出跑業務，使辦公室恢復和睦融洽的氣氛。

與其和狗爭道，被牠咬一口，倒不如讓牠先走。因為就算你宰了牠，也治不好你被咬的傷口。

——林肯

對付敵人要「欲擒故縱」

如果你的活動範圍裡有一個害群之馬，危及你的生存安全，你不妨採取「欲擒故縱」術，對他的壞先假裝不知，甚至大加讚許，待時機一到，再徹底揭穿他、打擊他。

中日戰爭爆發後，日軍在喜峰口吃過宋哲元大刀隊的虧後，便調集大軍四萬向長城一帶展開扇形進攻。

雖然中國最高當局增派精銳部隊北上馳援，但由於裝備遠不如日軍，在敵人的強大炮火和空軍地毯式轟炸下，傷亡慘重。

廿九軍的宋哲元、張自忠等將領，見形勢過於危急，實在無法與敵人作正面陣地戰，遂另出奇謀以遏阻敵鋒。

有一次，日軍向長城古北口方向進攻，此地盡是山陵，形勢險要，路徑崎嶇，

於是日軍抓到了六名當地人當嚮導，卻渾然不知軍隊在這六名嚮導帶領下，正朝廿九路軍佈下的地雷陣走去。

原來，宋哲元接受部下的建議，使出「欲擒故縱」的計謀，派出六名特工裝扮成當地農民，故意被日軍抓去當嚮導，目的是引日軍進入佈雷戰，好一舉殲滅敵人。

這些「農民」把日軍一個前鋒聯隊（等於中國一個團）領入一處狹窄的山區盆地中。這個聯隊一進入盆地，發覺事有蹊蹺，指揮官栗屋大佐立即叫副官找那六名嚮導前來詢問，豈知他們老早就已逃得無影無蹤了，栗屋大佐這才發覺自己上當了，急令退軍。

但說時遲那時快，四周的地雷響了，山崩地裂、沙石散飛、黑氣沖天，炸得敵人屍骸遍地，斷腿殘腳亂飛。原來，那六名嚮導躲在山洞裡點燃火線引爆，日軍一千多名官兵，最後只剩下十四名奄奄一息的重傷者。

當地雷爆炸時，只見日軍廿多架飛機在高空來回盤旋，因分不清敵我，找不到目標，所以炸彈也無法派上用場。

常言道：「人生如戰場」。這句話的意思，一是指人與人之間充滿競爭，二是指人際關係有時會陷入險惡的境地，像戰場那樣你死我活。

如果你的活動範圍裡有一個害群之馬，危及你的生存安全，你不妨採取「欲擒故縱」術，對他的壞先假裝不知，甚至大加讚許，待時機一到，再徹底揭穿他、打擊他。不過，若要使用此法，要注意兩點：第一，「縱」是手段，「擒」才是目的，千萬別混淆了，落得「偷雞不成蝕把米」的下場。

第二，千萬別把有缺點或與你有「過節」的人隨便當成壞人，相反的，要是他們行事光明磊落，你應該眞誠地幫助他們才對，否則，你的人際關係好不到哪裡去，衆人都會疏遠你。

躲避自己的敵人，不知道他們的習慣和生活方式，這是多麼荒謬！
想要射殺狼，就得先知道牠常走的路徑。

——屠格涅夫

釜底抽薪，才能徹底消滅敵人

人際關係既有友善的一面，還有險惡的一面。想要排除險惡，不妨運用「釜底抽薪」的計策，戰勝給你帶來險惡的人。

魯國重用孔子後，引起齊景公忌恨。齊景公曾在峽谷受過孔子奚落而結仇，擔心孔子會唆使魯國出兵威脅齊國，因而處心積慮想拔掉孔子。他找來大夫黎彌說：「魯國重用孔丘，對我國造成莫大威脅，該怎麼辦呢？」

黎彌想了很久才說：「採用釜底抽薪之計，逼走孔丘便是。」

「孔老頭當下是魯國紅人，怎麼逼走他？」景公急切地問。

彌將計策說出來：「豈不聞『飽暖思淫逸，飢寒起盜心』？目前魯國雖然太平，但魯定公是個好色之徒，如果選一群美女送給他，他必定會老實不客氣地照單接收。

收了之後，自然日日夜夜在脂粉叢中打滾，什麼孔子老子，怎及銀子女子？他們之間的關係還會像過去那麼親密嗎？這樣一來，肯定會把孔丘氣走，屆時，我們不就高枕無憂了嗎？」

齊景公連說妙計，立即令黎彌去民間挑選八十名美女，找人教她們唱歌、跳舞、媚笑、目盼，把她們訓練得盡妖盡嬈、人見人愛。

不久之後，八十個美女皆練就一身迷人勾魂的本領，黎彌又把一百二十匹好馬特加修飾，裝上金勒雕鞍，連同八十名美女一齊送到魯國去，說是齊國特地送給魯定公享受的。

魯國宰相季斯一聽到這個消息，心裡癢不可支，即刻換了便服，坐車到南門去觀看。季斯見齊國美女正在表演歌舞，嬌聲遏雲，舞態生風，一招一式美不勝收，不禁口呆目瞪、神癡意迷。

不久，魯定公把季斯召上殿，問他這事該如何是好，季斯不假思索地說：「照單收下就是。」

魯定公性好女色，此語正中下懷，即刻由季斯陪同，驅車奔向南門。

齊使知道魯定公來了，便教那幫美女下足媚勁，竭力表演，於是齊國美女擺臂搖胸，巧笑媚視，歌聲乍起，裙帶亂飄，把魯定公君臣二人樂得神蕩涎滴，情不自禁地加入眾美女行列，笨拙而忘形地手舞足蹈起來。

舞畢，季斯說：「國君請再過去看看那些良馬吧！」

「不用看了，這班美人已經夠瞧了，不必再看良馬！」

當晚回宮，魯定公便叫季斯加倍奉謝齊王，並且重賞齊使，還賞了三十名美女給季斯。此事傳到孔子耳裡，孔子不禁心急如焚，喟然長歎。

孔子請魯定公參加郊祭，希望提醒魯定公不要忘記國家大事，不要沈湎於女色醇酒。沒想到魯定公一心掛記著後宮美女，草草祭祀之後，便急忙回宮享樂去了。

孔子見魯定公不可救藥，心想魯國已經沒有自己施展抱負的餘地，便辭官周遊列國去了。

人際關係既有友善的一面，還有險惡的一面。想要排除險惡，就必須戰勝給你帶來險惡的人。當你與對方彼此對壘，劍拔弩張的時候，不妨運用「釜底抽薪」的計策，不要急著做正面的主力攻擊，而要從幕後去下功夫，扯其後腿，拆其後台，使他在不知不覺間變成一個洩氣的皮球，你就必勝無疑。

當你被流言蜚語包圍時，縱使極力辯解，也可能是在白費唇舌。你不妨先忍下胸中怒氣，暗中調查究竟是誰與你過不去，又爲什麼要造你的謠？

當你瞭解了事實眞相後，就可以找個適當的機會並用巧妙的手法，令造謠者自己說出事情的緣由。釜底抽薪之後，釜中沸沸揚揚的滾水自然會趨於平靜——關於你的謠言自然也就消失了。

不要輕視微不足道的敵人，就算他是一隻螞蟻，也要先把他看成一隻大象。

——格拉西安

「打草驚蛇」也是試探人心的方法

為人處世，交朋結友最難的是識人察人，而「打草驚蛇」則不失為試探人心的好辦法。不過，千萬不要藉機惡作劇，因為弄巧成拙的話，可能把朋友得罪光！

一九八二年，瀕臨破產倒閉的美國第三大汽車製造公司克萊斯勒，在艾科卡的領導經營下，終於走出了連續四年虧損的低谷，但是如何重振雄風，仍是艾科卡苦苦思索的問題。

反覆思考後，他根據克萊斯勒當時的情況，決定出奇制勝，把賭注押在敞篷汽車上。然而，敞篷汽車在市場銷聲匿跡多年後，現在推出有沒有銷路？能不能再造另一波風潮呢？

當時，克萊斯勒宛如大病初癒，再也經不起大折騰，爲了保險起見，艾科卡採取了「打草驚蛇」的策略。

艾科卡指示工人先用手工製造了一輛色彩鮮艷、造型奇特的敞篷小客車，當時正値夏天，他親自駕著這輛敞篷小客車在繁華的市區主幹道上行駛。

艾科卡駕著車子招搖過市，無非是想看看別人對這輛車的反應如何，以確定它市場行情。

在形形色色的有頂汽車洪流中，敞篷小客車彷彿是來自外星球的怪物，立即吸引了一長串汽車緊隨其後，幾輛高級轎車利用速度上的優勢，終於追上艾科卡的敞篷小客車，請他停在路旁。這正是艾科卡所希望的。

追隨者下車圍住了艾科卡，提出了一連串的問題：「這是什麼牌子的車？」「這車是哪家公司製造的？」「這種汽車一輛多少錢？」

這時，艾科卡面帶微笑一一回答，心裡滿意極了，看來情況良好，證明自己的預期是對的。

爲了進一步驗證，艾科卡又把敞篷小客車開到購物中心、超級市場和娛樂中心……等地，每到一處，就吸引一大群人圍觀，道路旁的情景一次又一次重現。

經過幾次「打草驚蛇」，艾科卡掌握了市場情況，不久，克萊斯勒公司正式宣佈將生產男爵型敞篷汽車上市，美國各地都有大量的愛好者預付定金，其中還有一些女駕駛。

結果，克萊斯勒的敞篷汽車，第一年就銷售了二三〇〇〇輛，是原來預計的七倍多。

艾科卡運用「打草驚蛇」之計，幫助了克萊斯勒公司重新起飛。

「打草驚蛇」的策略在人際關係經常用到，目的是試探別人的反應後，後得出自己想要的結論。

一家大型企業的總經理生病住院，前來探望他的下屬絡繹不絕，讓他心裡不禁懷疑：「我的人緣眞那麼好嗎？」

於是，他決定採用「打草驚蛇」的方法試探人心。

他「勾結」醫生放出風聲說他患的是疑難病，必須長期療養，不能再工作，這意味著他要提前退下來。

風聲一出，來探望他的下屬一天比一天少，但還有七八位員工不受傳言影響，經常來看他。

他見到這種情況，對自己說：「這幾位下屬對我好，是出於忠心，他們無所圖謀，可是我以前卻一直沒能看出來。我以後一定要善待他們，並且根據他們的才能委以重任。」

爲人處世，交朋結友最難的是識人察人，而「打草驚蛇」則不失爲試探人心的好辦法。不過，千萬不要藉機惡作劇，因爲弄巧成拙的話，可能把朋友得罪光！

凡是在自己心裡進行武裝的預言家都會獲勝，沒有武裝的就會毀滅。

——馬基維利

「反客為主」才能走出低谷

無論是在做生意，還是在日常的交際場合，當你想反客為主採用「吃虧牟利」策略時，吃虧應該以吃小虧為宜，即使不能給你帶利益，造成的損失也不大。

日本有位松本先生，他經過商，曾在一家大公司當董事，也從政過，經過激烈的選舉出任神戶市市長；他年輕還創過業，開辦「創意藥局」。

何謂創意？

簡單地說就是通過策劃，達到創新效果的行爲。商業創意的目的就是如何盈利，否則不如去辦慈善機構。

其實，一開始松本先生並沒有想到具有創意的點子，只是儘量在服務品質上下功夫，但是大家都注重這一點，因此，「創意藥局」雖然服務品質不錯，但是顧客始終寥寥無幾。

後來，松本先生開始在價格上動腦筋。當時，各藥店之間競爭激烈，大都以價廉吸引顧客，因而價格競爭已達到極限，再往下降就會虧本了。

任何商家都不願做虧本的生意，但是，松本先生卻打算大膽地嘗試，因爲他明白，商店的所謂虧本銷售，實際上還是有利可圖，從來沒有打出「跳樓價」的商家眞的跳樓過，說不定還因爲銷受量節節上升，表面上對顧客叫苦連天，背地裡高興得合不攏嘴。

於是，松本先生制定出眞正的「跳樓價」，將當時售價兩百日元的膏藥，以八十元賤價賣出。

由於八十元的價格實在太便宜了，所以「創意藥局」連日生意興隆、門庭若市。松本先生不顧血本的銷售方式，雖然使得膏藥的銷售量越來越大，但是單項赤字也越來越高。

如果松本只是個膏藥商，眞的要虧得跳樓了。然而，讓人意想不到的是，創意藥卻出現了前所未有的盈餘。

這是因爲，聞風前來購買膏藥的人，幾乎都會順便買些其他藥品，這些藥品當然有利可圖。

松本先生靠著其他藥品的盈利，不但彌補了膏藥方面的虧損，同時也使「創意藥局」出現了盈利，並且隨著銷售量的增多，盈利越來越大。

松本的事業之所以能成功，在於他能夠明確地掌握消費者貪小便宜和順便購買的消費習慣。

因爲他的膏藥便宜，使人認爲其他東西一定也同樣便宜，所以顧客買了膏藥後，都會順便買一些其他的藥品，這種策略是「犧牲」某部分的利益，從其他方面獲取更多的利益。

松本先生犧牲膏藥的利潤，成功地由被動變主動，將那些先前不願來、不想來、不一定來的顧客都吸引過來，「反客爲主」地賣出許多其他藥品，生意由清淡變興旺，營業額也由少積多，終於走出低谷。

當然，你在使用這個策略的時候，不要忘了它帶有一定的風險，因爲可能會有一些精明的人不吃你這一套，僅僅是挑便宜物品買，倘使這樣的客人多了，你豈不要吃大虧？

所以，無論是在做生意，還是在日常的交際場合，當你想反客爲主採用「吃虧牟利」的策略之時，必須記住，吃虧應該以吃小虧爲宜，如此一來，即使不能給你帶利益，造成的損失也不大。

一匹馬如果沒有另一匹馬在後頭緊緊追趕，就永遠不會疾馳奔飛。

——奧維德

轉變就是轉機

如果你的人際關係一直處於緊張狀態，不妨換一個環境試試，這種轉變，很可能就是人生的轉機。

美國波音公司的創始人叫威廉．波音。波音公司建立於二十世紀初，以製造金屬家具起家，以後轉向專門生產軍用品。

一次世界大戰期間，波音公司生產的水上飛機頗獲美國海軍青睞，從此在美國飛機製造業中扮演著重要角色。

然而，好景不長，戰爭結束後，美國海軍取消了尚未交貨的全部訂單，使得整個美國飛機製造業陷入癱瘓狀態，波音也不例外，受到極爲嚴重的衝擊。

但是，威廉．波音並沒有因此而垂頭喪氣、怨天尤人，反而進行了深刻的反思。

他認為，公司陷入經營危機，原因雖然來自於世界局勢大變，但也是自己過分依賴軍方的結果。

亡羊補牢，為時不晚，他果斷地調整經營方向，並採取了相應的措施。

首先，他繼續保持與軍方之間的聯繫，隨時瞭解軍用飛機發展的趨勢和軍方的要求，以便加以滿足。

另一方面，他用心調查、分析市場，認為軍用飛機雖然銷售量銳減，但民用飛機卻是一個潛在的大市場。

隨著現代化進程的加快，人們的生活節奏日益加快，而在運輸業之中，飛機最能符合這種快節奏的時代需要，因為，它的速度勝過其他任何運輸工具。

波音公司於是改弦易轍，把原來的軍用飛機全部改裝成民用飛機，推出之後反應很好，訂單日益增多，終於從過去只生產軍用飛機的舊殼裡破繭而出。

戰後經濟的復甦刺激了各國對民用飛機的需要，波音公司推出的四〇型商用運輸機以及波音七〇七、七二七客機正好滿足了市場的需要。

之後，波音公司又陸續推出波音七三七、七四七、七五七、七六七，同時替陸軍、海軍、海軍陸戰隊設計製造了各式教練機、驅逐機、偵察機、魚雷機、巡邏機和遠端重型轟炸機等，公司日益發展壯大起來。

波音公司如果不「改弦易轍」，擺脫單一化的經營模式，恐怕早就不支倒地了。改弦易轍是應變的有效策略，往往可以使你如魚得水，脫穎而出。人際關係也是如此，如果你的人際關係一直處於緊張狀態，不妨換一個環境試試，這種轉變，很可能就是人生的轉機。

生活不是靜止不動的，唯一不改變也不能改變的是那些躺在公墓裡的人。

——德克森

沉默，也是一種肢體語言

當你想把自己深感興趣的思想傳達給別人，單靠聲音來傳達，可能對方還是會有模糊不清的時候，這時可以借助無言的沉默來加深印象。

與人交往的過程中，如果好好利用沉默來表達自己的態度，在某些方面也是非常有效的。

譬如，當我們想指示或者強調某一件事情之時，並非一定要用語言來表示，有時候，利用瞬間的聳聳肩膀，使個眼神，弄響手指……等，也能夠適當而準確地指示某件事情。

哈巴特．布魯克那先生在其著作《如何培養說話技巧》中如此說道：「一個卓越的演說家不只是發聲漂亮，同時還要用他整個身體、精神和人品來說話。」

當你想把自己深感興趣的思想傳達給別人，使別人對它產生印象，進而接受這種思想，當然，語言的表達可以達到某種程度的效果，但單靠聲音來傳達，可能對方還是會有模糊不清的時候，這時可以借助無言的沉默來加深印象。

所謂無言的沉默，是以含有表現力的表情、姿勢和動作等來傳達意思。真正擅長言辭的人，經常都會借助這些舉止來加強效果。

每一個人都有使自己的表情和身體隨著語氣表現動作的衝動，這種無言的表現，是言語最初的形態，因此我們可以說，這種屬於動作姿態方面的語言，是全世界所有各民族通用的語言。

有些國家的人民，已將這種無言的表現發揮到最高極限，因此，在會話的時候，都會隨著話題而改變自己的表情或身體上的動作，當然，也有隨著動作、姿態、手勢、臉部的表情而發聲講話的。

簡單地說，當一個人要把自己心中的事情傳達給對方時，都會配合聲音、態度、動作和表情一起進行。例如，話說得起勁的時候，常常會不知不覺地把身子向前傾，注視對方的臉孔，揮動雙手來強調自己的論點，甚至也有人猛敲桌子，眞是不一而足，花樣百出。

其實，如果能好好地利用沉默的肢體語言來表達自己的態度，效果有時比用聲音說話還好。

失足所引起的傷痛可以很快就恢復，而失言所導致的結果可能造成終身遺憾。

——富勒

PART 4
適時拋給對方
一顆「定心丸」
如果你或你的好友正感到惶恐不安時，
不妨規劃一些生活的新目標和想像幸福的未來，
這樣就能振奮精神，
並且對未來的遠景更加嚮往。

自曝隱私可以鬆弛別人的戒心

為了清除初次見面的人所抱持的警戒心理，最好的方法就是把不至於敗壞自身形象的隱私，毫不忌諱地說出來，這種方式可以產生非常大的功效。

最近有些演員，常常舉行記者招待會，令人奇怪的是，有些女演員還公開自己的緋聞或私事，譬如自己已懷孕……等等。

從松田聖子的例子，我們可以深切體會到，明星的宣傳做法正在不斷地轉變。以前的明星從來不在影迷面前公開自己的私生活，許多明星甚至不敢公開自己已經結婚生子。

他們這樣做，是爲了提高歌迷影迷對自己的崇拜。

如果歌迷影迷知道他們也和一般人一樣，過著同樣的生活，對他們的崇拜便會

日趨冷淡。所以，以前的明星都刻意隱藏自己的私生活，以提高自己的明星地位，當然，這也是一種心理操縱術。

但是，今天的星迷已經不滿足那種狀況，在電視上每天所見到的偶像歌星，已不再讓人覺得他們是生活在另一個世界，反而給觀眾一個平凡的感覺。

所以，明星公開懷孕之類的私人生活上的事情，才能使星迷更覺得親切。這樣也會更加吸引星迷。

事實上，這也是一種能巧妙掌握現代追星族心理的做法。

由此看來，當一個人的隱私被公開之後，對方想要溝通的潛在心理會因爲受到刺激而增強。

雖然，也有些人會抱著警戒的態度，但這不過是因爲溝通的程度不夠所致。

換句話說，爲了清除初次見面的人所抱持的警戒心理，最好的方法就是把不至於敗壞自身形象的隱私，毫不忌諱地說出來，這種方式可以產生非常大的功效。

例如，甘迺迪在競選美國總統時，只有四十歲左右，是一個年輕的愛爾蘭裔美國人，信奉天主教，更是一個富翁的長子，雖然有這些優越的條件，但有時也會產生不利的作用。

甘迺迪和當時已非常有名的尼克森，在電視上舉行辯論會，結果是甘迺迪以壓倒多數取勝。

甘迺迪在奪得總統席位的當選演說中，曾經輕描淡寫地說了下面的話：「緊接著，我還要告訴各位一句話，我和我的妻子雖然得到了新的政權，但我們還等待著生下新的嬰兒。」

甘迺迪總統的作風，使美國國民對他深感親切。所以，當他在達拉斯遇刺身亡時，對美國國民造成了極大的震撼，大家對他的遇刺哀痛不已。

在生活交往中，我們更經常地是經由我們的缺點，而不是我們的優點討人喜歡。

——拉羅什富科

你會承認自己是一個「醜男人」嗎？

當一個人產生反感時，潛在心理就是希望自己的優越感能夠得到認可，如果他發現自己比對方還要差時，就會對對方更加反感。

林肯還沒當總統之前，有一次，一個暴徒怒氣沖沖地拿著手槍對他說：「我曾發過誓，如果有一天遇到一個比我還醜的男人，我一定當場把他打死。」

沒想到，林肯不慌不忙地向那個暴徒承認，自己確實是一個醜男人，並且對他說：「你如果想打，就打吧！」

結果，這個暴徒的氣消了，自動離開。

林肯眞不愧是一個聰明人，他對暴徒說話時態度謙卑，因而化解了自己的危機。如果他對暴徒採取高高在上的姿態，必定會引起暴徒更大的反感。

林肯面對暴徒的威脅羞辱，仍仔細去聽對方的話，並消除對方複雜不平衡的情緒，當然是由於他承認自己是一個醜男人，使得暴徒對林肯反感的理由瞬間都消失了。

當一個人產生反感時，潛在心理就是希望自己的優越感能夠得到認可，如果他發現自己比對方還要差時，就會對對方更加反感。

所以，一個人如果心理狀態不夠健全，就會因爲自己的自卑感，而對別人的優越產生反感。有了這種不健全的心理後，便醞釀初一種攻擊性的防禦策略。

林肯的做法就是放棄自己的優越性，讓自己處於「委屈」的卑下地位，先接受對方的反感，然後再誘導對方接近他，這的確是一種能使對方接受的有效方法。

人性的確如此，既輕信又愛懷疑，說它軟弱又很頑固，自己拿不定主意，為別人做事又很有決斷。

——薩克雷

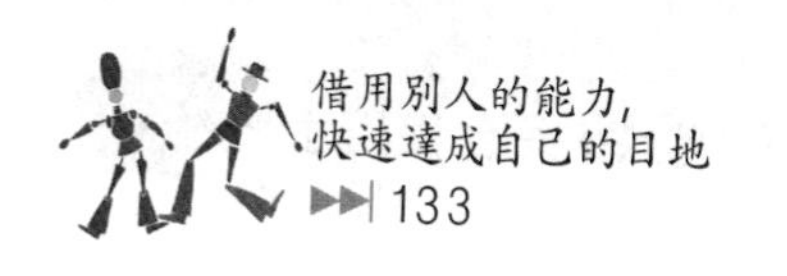

沒人願意聽你囉唆

現代商業資訊瞬息萬變，事務令人應接不暇，我們只有讓自己講的每句話，做的每個決定都簡潔明快，才能取得事業的成功。千萬別廢話連篇，沒有人願聽你囉嗦。

有一家大商場的經理，爲了招聘一名助手，在報上登了廣告。過不了幾天，他就收到了一大堆應徵信函。

最後，他選中了其中一封。

這封信措詞簡潔精練，表達出別人要用好幾張紙才能表達的內容。因此，這位經理說：「雖然這些求職者我沒見過，但從求職信上可以看出一二，措詞簡單、明瞭、扼要的，一定是辦事能力強、乾脆直爽的人，而那些寫信冗長瑣碎的人，代表著在辦事上拖拉、行動上遲緩。」

美國《紐約時報》曾刊登一篇文章介紹一家大公司的總裁。在這位著名企業家的辦公室裡貼著這樣一張標語：「說話請直截了當，我還有許多正事要忙。」

他是一位非常成功的企業家，在談話或打電話時，從不說客套話，總是開門見山地講出他的本意。任何一位與他交往的人，都不由地佩服他的明快精神。

從這位企業家身上，散發著現代社會辦事敏捷、簡練的作風，那種抱膝長談的時代已經逐漸地遠離我們了。

現代社會是快節奏的，時間就是金錢，效率就是生命。譬如，拉鏈取代了鈕扣，影印機簡化了謄抄的麻煩，二合一的洗髮水則使洗髮、護髮一次完成……因此，我們的待人處事也必須按照社會的節奏做出新的調整。

哈佛大學的一位教授說：「當有青年來問我，他在事業上將來是否成功時，我總是先問他的話語怎樣，是否說話直截爽快，有沒有兜圈子，然後才給予回答。」

前面提到的那位企業家就曾說過，那種說法冗長的人往往節外生枝，做事不著邊際，簡直無法讓人抓住本意。

由此可見，簡練會影響與他人的交際往來，也可能影響一個人的終生事業。

從事商務活動時的人，應該有這樣的認知——一個人在洽談商務時，盡談些不著邊際的廢話，絕對不能成功。

現代商業資訊瞬息萬變，事務令人應接不暇，我們只有讓自己講的每句話，做的每個決定都簡潔明快，才能取得事業的成功。

在商務交際活動中，與人交往一定要說話簡潔，辦事幹練。千萬別廢話連篇，沒有人願聽你囉嗦。

厚黑智典

談話是一種展銷思想小商品的交易，每個展銷者都過於關心自己貨物的陳列，而不去留意鄰人的貨物。

——比爾斯

適時拋給對方一顆「定心丸」

如果你或你的好友正感到惶恐不安時，不妨規劃一些生活的新目標和想像幸福的未來，這樣就能振奮精神，並且對未來的遠景更加嚮往。

松下幸之助在松下電器剛剛創業的時候，曾經利用潛在心理操縱術，消除了員工的不安心理。

當時日本的經濟蕭條，公司倒閉的事情層出不窮，松下電器公司在不景氣中苟延殘喘之際，也傳出了瀕臨倒閉的謠言。

當時，擔任社長的松下幸之助並沒有雄厚的資本和豐富的經商經驗，員工們不免擔心公司會在這波經濟不景氣出現財務危機，撐不過難關，到時候自己恐怕就會沒工作了。

更嚴重的是，有的員工甚至懷疑老闆松下幸之助正在考慮關門了。

這時，松下幸之助適時地把全體員工集合起來，對他們說：「松下電器就像無盡的寶藏一樣，會不斷地出現新產品，而我們正擔負著開拓創業的使命。」

「爲了完成這項使命，必須過二五〇年的時間，我將這二五〇年分成十個節。第一節爲二十五年，這二十五年又分爲三期，第一期的十年是專門建設的時期，第二期的十年是持續建設時期，更是專業活動的時期，最後的五年則是持續建設和活動，有了這些措施，我們就能爲社會做貢獻了。」

「我們現在所處的就是第一節的時候，第二節以後就由我們這一代來完成。從此以後，每一代人都必須兢兢業業，按照共同的方向前進，到了第時節，也就是二五〇年以後，這個世界就會是一個充滿了物質，富庶繁榮的樂土。」

每一個員工在聽到這篇《松下電器二五〇年的計劃》後，都目瞪口呆，但等稍微回復過來後，就像吃了定心丸，安下心來。

因爲，他們認爲老闆都爲公司作了二五〇年的長遠規劃，瀕於倒閉之事純屬無稽之談！

於是，員工紛紛興高采烈地談論：「社長都這樣有幹勁、有信心，目標定得這麼遠，公司肯定沒有問題。」

松下電器員工在不景氣、不賺錢的情況下，擺脫了惶恐不安的心理，對未來充滿著強烈的幻想與希望。

這種方法的有效之處，就是讓惶恐不安的人，心裡有一條出路。因為任何人心理不安時，潛在心理的直接反應就是想逃避，想擺脫眼前的一切。這時，如果和他們談一談綺麗的遠景，不失為一條很好的出路。

所以，如果你或你的好友正感到惶恐不安時，不妨規劃一些生活的新目標和想像幸福的未來，這樣就能振奮精神，並且對未來的遠景更加嚮往。

如果你不能統治你的國家，那麼最低限度，你應該設法統治你自己。

——蕭伯納

用「只有你才能」瓦解對方戒心

當一個人優越感被觸及時，他就會不斷地想要和對方接近。挑起對方的優越感，可以瓦解對方的警戒心理，使他採取積極的回應態度。

美國口香糖大王李格雷的傳記中，有一則與潛在心理攻心術有關的故事。這件事是李格雷還在一家肥皀公司擔任推銷工作時發生的。有一天，一個雜貨店的老闆，突然跑進李格雷任職的肥皀公司，以非常嚴肅激動的口氣叫道：「像你們這樣的公司，一定會垮掉。」

當時，在場的員工聽到這番話都十分生氣，但是，李格雷卻不以爲意地對雜貨店老闆說：「非常對不起！但是我想我們一定非常有緣。我是新來的業務員，請問您有何指教？請給我一點建議吧！把肥皀賣出去是我的責任，您是一個經驗豐富的人，請您教我應該怎樣做。」

這個雜貨店老闆剛開始時很生氣，但是當他被李格雷觸及優越感和自尊心後，隨即和顏悅色地說道：「那……我就告訴你吧，你最好賣便宜一點。」

接著，他對李格雷滔滔不絕地談論生意經，並且越談越起勁，一直說了兩個小時，到最後他不但把推銷肥皂的訣竅傳授給李格雷，而且臨走時還承諾要大批購買該肥皂公司的肥皂。

當一個人優越感被觸及時，他就會不斷地想要和對方接近。譬如，當上司想和部下談論一件事情時，與其開口說：「我想和你談一談。」倒不如說：「只有和你才可以談這件事。」

這兩句話給部屬的感覺是完全不一樣的。

上司說前一句話時好像帶著壓力，會使部下的內心裡築起一道防禦的牆，而以抗拒的態度來回答。反之，後依據「只有你才……」的說法，就可以瓦解對方的警戒心理，使他採取積極的回應態度。

另外，像一些會員制的俱樂部、高爾夫球場或五星級飯店，爲了要招募會員，總是利用消費者的潛在心理，採取郵寄廣告的方式，寄上印刷精美的宣傳信函，上面不但有醒目的圖案，還有誘人的廣告詞，如「唯有像您這樣年收入一百萬以上的人……」，「唯有像您這種××大學出身的人……」，「唯有像你這樣被精挑細選出來的人」等等，這些都是想觸及接信人的優越感和自尊心。

相信每個人一定有過接到廣告傳單，連看都不看一眼就扔掉的經驗，但是，如果接到類似上述口氣的宣傳廣告時，即使不想入會，也會多看幾眼上面的句子，滿足一下自己的虛榮心。

人的虛榮心並沒有程度的差別，只有在掩蓋虛榮心的能力上才有程度的差別。

——馬克吐溫

慎重地向對方說「不」

如果拒絕的方法不慎重，可能會使你蒙受更大的損失。輕率地處理，可能往意想不到的不良方向發展。只有以慎重的態度，才能使拒絕不損害雙方之間的關係。

在日常生活或商務交際活動中，我們常常會碰到別人要我們辦事而我們又不想辦的時候。可是，直截了當地拒絕必然會引起對方的不快，進而影響相彼此的關係。因此，有必要學會不損雙方關係的拒絕方法。

不損人際關係的拒絕方法是要慎重其事，要領如下：

一、插入緩和對方反感的措辭

當你不能按照對方的期望承諾時，要觀察對方的心情，適時插入道歉的話語，慎重地加以拒絕，並說道：「實在抱歉……」「對不起……」「實在不好意思！」

二、明明白白地說「不！」

有人覺得清楚明白地拒絕會讓彼此不好意思，可能使場面尷尬，因此回答得相當曖昧。

其實，那樣反而會使對方抱著期待的心理。一旦你無法完成對方的請託，將被誤解爲輕諾寡信，造成的反感反而更大。因此，你應該明白地說：「非常抱歉，這件事我幫不上忙。」

尤其對於外國人，因爲風俗習慣不同，最好不要曖昧應答，以免被誤解。

三、表達對方能同意的理由

拒絕別人的時候，爲了安撫對方，要儘量設法表達拒絕的理由，讓對方明瞭你拒絕的理由或情況是合理的。

四、表達代替方案

無法全面答應對方提出的要求，但可以部分地答應。如果有代替方案就提出來，或許對方並不滿意，但至少能緩和反感情緒。

如果拒絕的方法不愼重，可能會使你蒙受更大的損失；輕率地處理，可能往意想不到的不良方向發展。

只有以慎重的態度，才能使拒絕不損害雙方之間的關係。

我們不相信有永恆不變的道德，並且要揭穿一切關於道德的騙人的鬼話。

——列寧

如何開發自己的潛能

任何一個人只要瞭解自己的不足，學習別人的長處，開發自己的潛能，那麼，他在人生的道路上就會走出一路的輕鬆。

有不少人會因爲一時的衝動，強行去做一些能力所不及的事；也有人因爲認不清自己的長處或優勢，而在某個重任面前畏縮和退卻。其結果自然落得貽笑大方，被人視爲無能之人，甚至永遠也難找回那失去的機遇。

見要瞭解自己並非易事，難怪古人說：「人貴有自知之明。」

瞭解自己就是跟他人做比較，就是把自己放在整個商戰中，去比較自己的強弱。

有的人可能交際能力強，但基礎學識差；有的人才華橫溢，但動手能力不強；有的人敢想敢幹，卻性情急躁；有的人善於組織，卻缺乏領導能力。

因此，我們應該具備清醒的頭腦和分析能力，時刻提醒自己不要高估自己，也不要聽見別人一句隨便的讚美就得意忘形，就以爲自己眞的具有超人的智慧和才能。殊不知，天外有天，人外有人，等到自己碰得頭破血流之時再幡然醒悟，那可就太遲了。

有的人可能因爲一次重大打擊，把脆弱的精神徹底壓垮，以至於特別自卑和自棄，從此失去了在激烈競爭中的廝殺力。

社會充滿著激烈的競爭，若想在社會上爭得一席之地，做出一番超人的業績，就不能不努力去設法增強別人所沒有的附加價值。這種努力，就是爲自我開發提供一個明確的方向。

一位商界名流說：「只要你能夠不斷充電，積蓄實力，就必然會有發展前途。要不斷地思考如何做得更好。」

人的一輩子並沒有多少時間可供揮霍，若想在激烈的競爭中立於不敗之地，就只能少做一些無關緊要的事情，或者把可能平白浪費掉的時間節省下來，去用功研究相關知識。

只有這樣，才能做到「知己知彼、百戰不殆」，並讓自己的潛能最大程度地開發出來。即使不能成功，也能獲得許多寶貴的經驗，對自己的付出無怨無尤。

開發自己，對於那些屢遭失敗、萎靡不振的人來說，也是發現自己過去曾經忽略的某些長處，樹立信心、改變生活方式的機會。

任何一個人只要瞭解自己的不足，學習別人的長處，開發自己的潛能，那麼，他在人生的道路上就會走出一路的輕鬆。

感到自己在這個世界上是件多餘的裝飾品，那是很難堪的事，活著而不開發自己的能力，是相當可怕的蠢事。

——契訶夫

賺大錢不易，賺小錢不難

賺錢應有長遠規劃，不要一入社會就想賺大錢。不要不屑於小錢，因為賺小錢也需要能耐，而這也正是磨練賺大錢能力的「基本功夫」。

有一位女孩大學畢業後，到一家企業辦公室擔任職員，第一天上班時相當高興，可是沒兩天就變了，老是垂頭喪氣地直歎息：「唉，還是在學校的生活好玩，錢眞是不好賺！」

錢當然不好賺。上班族要早出晚歸，有時候還要加班，還得面對上司的斥責、老闆的臉色、同事之間微妙的關係，更害怕工作任務無法完成而被「炒魷魚」。

錢，哪有好賺的呢？

員工的錢不好賺，那麼，當老闆好了。可是，當老闆雖然有賺大錢的可能，誰又敢保證不傾家蕩產？「穩賺」的生意從來就是沒有的。

爲了賺錢，當老闆的人無不絞盡腦汁，開拓業務，時刻爲賠本而提心吊膽，還要應付和同行業的競爭。那些爲了賺錢而惹出毛病的老闆，哪一個不是搖頭長歎：「唉，錢難賺哪！」

當員工或當老闆，錢都不好賺，那麼，有沒有一些好賺的行業呢？

非法行業的錢看來好賺，比如開賭場、販毒、印僞鈔……可是，這些都是違法的，既怕被抓被關，又怕黑吃黑，弄不好連命都得賠上，可萬萬使不得。

所以說，世上沒有好賺的錢。

認識到了「錢難賺」的事實，那麼，你就不會對賺錢抱有太大的期望，對工作才會兢兢業業，工作中受到挫折時也不會怨天尤人。同時，還會因爲知道了賺錢不容易而珍惜每一個銅板。

怎樣才能使難賺的錢變得好賺些呢？

1. 無論是上班還是投資創業，首先都要有「錢難賺」的心理準備，以較為嚴肅認真的態度來面對所從事的事業。

只有這樣，才不會草率從事，事情也就容易成功些。

2.若想賺大錢，要有相當豐富的專業知識，只懂皮毛的人僅有可能賺點皮毛錢或運氣錢，說不定哪天就會輸光。

因此，在上班或投資創業前，首先要打好堅實的專業基礎，並且要不斷汲取新的知識，豐富自己的能力。

試想，倘若你只有「半桶水」，誰會傻到把錢往「半桶水」裡拋呢？

3.一般人真正賺大錢的人都在四十歲以後，所謂「三十歲以前賺滿一千萬」的說法是不切合實際的，這種口號也只會害死年輕人。

賺錢應有長遠規劃，不要一入社會就想賺大錢。應該先把根基打穩，根基穩固了，錢也自然比較好賺了。

當然，根基不是速成的，應該給自己一個較長的時間，時間越長越不會有賺錢的壓力，這一點，你只要仔細觀察分析那些在商界成功的人士就會明白。

不要不屑於小錢，因爲賺小錢也需要能耐，而這也正是磨練賺大錢能力的「基本功夫」。

俗話說：「賺大錢不易，賺小錢不難」，小錢會積少成多，日子一長，小錢不就變成了大錢？

有許多實業家的經歷就是從小事幹起，從小錢賺起而逐步發展起來的。

除非繼承龐大的遺產，否則哪個大錢不是一分一分地積攢來的？因此，如果沒有遺產可繼承，那就先死了當億萬富翁的心吧！

厚黑智典

一個兒子能平靜地忍受失去父親，但是失去遺產竟可能使他感到憤怒絕望。

——馬基維利

你懂得傾聽別人說話嗎？

分享別人的經驗時，為了替自己樹立良好的形象，首先必須學會聆聽。「聆聽」是為了明白聲音的含義而集中注意力，全神貫注傾聽對方說話。

在日常生活裡，每一個人都有自己的成長環境和生活背景，所以，一個人多彩多姿的人生經歷，往往就是一篇篇引人入勝的精采故事。有時候，人再怎麼發揮想像力，都比不上這些故事來得眞實刺激。

因此，在分享別人的經驗之時，爲了替自己樹立良好的形象，首先必須學會仔細聆聽。

「聽」，是透過一個人的聽覺，察覺出聲音的來源。「聆聽」則是爲了明白聲音的含義而集中注意力，全神貫注傾聽對方說話。

每個人或多或少會在聽別人講話的過程中出現精神渙散的毛病，有時候，如果不注意傾聽說話的內容，只茫然附合，不但容易犯錯，也會讓對方留下不良印象。

你是不是常常全神貫注地聆聽別人說話？

有時候你明明想仔細聆聽，但注意力卻因爲心不在焉而分散，有時是因爲對話題不感興趣，有時則是因爲說話者的說話技巧不佳，因此談話內容成了馬耳東風。

値得注意的是，聽者的神態盡在說者的眼裡，如果你認眞地傾聽別人說話，自然能給予說話者強而有力的鼓勵，說話的人對你的評價將會比實際上高出許多。

聽話這個行爲，對於在別人心目中建立良好的形象，有相當關鍵的影響。

電影《機會難再》中，主角彼得．謝勒沉默寡言，總是全神貫注傾聽其他人所說的話，看起來像一個低能者，最後觀衆卻發覺，其實他才是最聰明。

夏里．哈特的小說《愛神的化身》裡頭的主角，也是個喜歡傾聽別人說話的人，凝神傾聽就是他日常生活中最常應用的武器。

夏里．哈特認爲，絕大多數的人總喜歡不停地說話，反而會從沉默寡言的人身上逐漸察覺自己的膚淺與無聊。

沉默可以抵擋席捲這個社會缺乏思慮的聒噪洪流。

以上兩個例子提醒我們，只要多發掘緘默的好處，多磨練自己聆聽的能力，一定能收到很大的效果，千萬別忘記「沉默是金，雄辯是銀」的古訓。

學習聽講的技能，是一項很重要的人生課題，也將是你終身受用的工具。

一個會講話的人，不是努力去說些讓人記住的話，而是記住別人說過的話。

——布朗

PART 5

每個人都喜歡被灌迷湯

人的「自我價值感」，是經由別人的肯定、讚美、鼓勵、重視而來，只要「讓他感到自己很重要」，他也會投桃報李，給你「正面的回饋」。

學會用感性戰勝理性

感情或感覺可以突破難關，更能誘導反對者變成贊成者，這是潛在心理學的突破點。人類畢竟是感情動物，即使有千百個理由，也比不上一個令人感動的事實。

有一位美國少年站在地鐵的月台上，不小心摔到了鐵軌上面，那時剛好有一輛電車迎面飛馳而來，雖然他在驚慌中萬幸地保全了性命，但是身體卻受了重傷，失去了一對手腕。

於是，這個少年向地下鐵路公司提出控訴，要求賠償鉅額醫療費用和失去謀生能力所衍生的損失，但是不論是地方法院的審判還是高等法院的審判，陪審團和法官都認爲這不是地下鐵路公司的過失，而完全是少年自己造成的。

因此，在訴訟過程中，這個少年每天心情沈重，過著鬱鬱寡歡的日子。

終於到了最後判決的日子，經過最後一場辯論後，最高法院竟宣判少年反敗爲勝，而且全體陪審員也一致贊同少年勝訴，應該獲得鉅額理賠。

這完全是少年的辯護律師的功勞，在當天的最後辯論中，他深知「當理性無法戰勝時，只有訴諸感性」的道理，充滿感情地說了這麼一句話：「昨天，我看到少年用餐時，直接用舌頭去舔盤子裡的食物，使我難過得不禁掉下了眼淚。」

這句話使陪審團的態度峰迴路轉，最後做出有利於少年的有利判決。因爲人類畢竟是由感情操縱的動物，即使有千百個理由，也比不上一個令人感動的事實。

這個例子說明了，許多表面上看起來是理性的意見或判決，事實上往往是依賴人的感情和五官的感覺來做判斷的，也就是說，當理性無法改變事實時，訴諸感情或感覺可以突破難關，更能誘導反對者變成贊成者，這是潛在心理學的突破點。

許多平常堅持以理性行事的人，感性更是他們的罩門，因爲對於會隨著心情變化的情緒，他們更有著柔弱的一面。

這種人物的典型例子，在日本作家菊池寬的名著《考杉法官的立場》中，有淋漓盡致的描寫。

這本書主要描寫考杉法官是一個非常有名的人道主義者，平時他在審案判決時，總是同情罪犯，判刑判得很輕，而且判決過程總是反覆推敲、優柔寡斷、直到有一天夜裡，他自己家遭到強盜的襲擊，體驗到強烈的恐懼感，從此以後，他就變成了罪犯聞之色變的剋星了，因爲每次審判時，他總是給予罪犯最嚴厲的處罰。

上述的兩個例子，都提醒我們在人際交往或處理事情時，感性比理性更重要，要懂得掌握人性潛在的弱點。用動情的話打動對方的心，往往比高談闊論更能收到意外的效果。

人性當中，總是愚蠢的部分多於理智的部分，所以，懂得誘發別人的愚蠢的人，才是最聰明的。

——法蘭西斯·培根

當心被好朋友出賣

交朋友要相當小心謹慎，即使成了好朋友，也不可毫無防人之心！「逢人且說三分話，未可全拋一片心」，這句話雖然是老生常談，卻是人際交往中顛撲不破的一大原則。

在人際交往中，大部分的人都有防人之心，對陌生人充滿戒備和警惕，生怕一不小心就上當受騙，對於一般的泛泛之交也是話到嘴邊留三分。

可是，人往往忽略了，眞正能夠出賣自己，會對自己造成巨大殺傷的人，大多是自己最信賴的朋友。

因爲，大多數人對推心置腹的朋友，不會懷著警惕心理，聚在一起就天南地北無話不說，毫無顧忌地把自己的心思和隱私全盤揭露，一旦朋友之間發生利益衝突，或者反目成仇，你的隱私就會被攤在陽光下，成了你的致命傷。

所以，在實際生活中，我們既要提防騙子，提防小人，提防無賴，更要提防被朋友出賣，特別是自己最親密的朋友。

與朋友交往當然要坦誠相待，但是絕不能坦誠到讓別人一覽無遺的程度。我們應該明瞭，朋友不是聖人，只是充滿七情六慾的凡人，也會有各種人性方面的弱點，人格方面的缺陷，甚至也會有醜陋的貪欲和邪念。

平常，你難以察覺朋友不光明的一面，內心不設防，赤裸裸的坦誠，有時候會招致難以預測的禍果。

生活畢竟是現實殘酷的，而且充滿難以預測的變數。堡壘最容易從內部攻破，人最容易被自己最親密的朋友出賣，如果你把自己最私密的事、最脆弱的部位告訴了朋友，一旦你的朋友變成了你的仇敵或競爭對手，那麼等待你的就是無窮無盡的痛苦，甚至給你帶來終生的災難。

社會上有太多這樣的實例，值得我們省思再三。

例如，當你和你的好朋友之間爆發利益衝突或財務糾紛，或許你自信能坦然客觀地面對，但是你能保證你的好朋友也會有相同的胸襟和氣度嗎？他不會背後詆毀

你嗎？不會去想方設法去搶奪那些誘人的利益嗎？

誰也不能拍胸脯保證他會將心比心，因爲，友誼在利益面前往往一文不值。

許多殘酷的事實告訴我們，世界上沒有比自己最親密的朋友倒戈相向危害更深更大，也更讓人傷心的了！因此，我們交朋友要相當小心謹慎，即使成了好朋友，也不可毫無防人之心！

「逢人且說三分話，未可全拋一片心」，這句話雖然是老生常談，卻是人際交往中顛撲不破的一大原則。朋友之間，親密過度，就可能發生質變；過密的關係一旦破裂，裂縫就會特別大，好友勢必會成爲冤家對頭。

世界上用得最普遍的名詞是朋友，但是最難得到的也是朋友。

——法國諺語

不要讓人摸輕你的底細

只要你願意，絕對可以透過肢體語言去欺瞞對方，也可以透過言行塑造出自己想要的形象！這個形象既可以是真象，也可以是在重要關頭保護自己的假象。

現代禪學大師南懷瑾曾經語重心長地說：「人心與學術一樣，都是詭怪得難以理喻，古今中外均是如此。」

因爲，人常常試圖掩飾自己，刻意透過言行虛擬出一個對自己有利的形象，藉此贏得別人的好感。另一方面，人也常常根據談話對象不經意流露的眼神，以及若干細微的肢體語言，試圖看穿對方的內心。

有許多心理學家指出，人跟人交談的時候，無論是商業性的對話還是男女之間的談情說愛，兩個人四目交接的最主要目的，就在於探索、揣測對方的內心究竟在想什麼。

觀察對方的肢體語言，揣摩對方的想法，洽談生意的人可以掌握最恰當的時機，提出對自己有利的條件，談情說愛的人也可以順著對方的想法，藉機讓彼此的關係更加親密。

然而，有趣的是，不管觀察對方的眼神流轉或肢體語言，其實我們看到的只是對方的外在表情，無法確切知道對方的心裡究竟打什麼如意算盤。

也就是說，和別人「交手過招」，你唯一能確定的只是自己在想什麼，至於對方，你只能憑他的一些細微表情去揣測。

莎士比亞就曾說過：「世上還沒有一種有效的方法，可以從一個人的臉上探查出他的真正居心。」

有時候，我們「假設」對方的表情已眞實反映了他的內心世界，也認爲自己的「假設」非常正確，但是，眞相往往與自己的認知出入頗大。

譬如，當你在談話的時候，別人或許可以從你的肢體語言隱約猜測出你的心理狀態，但是絕對無法全盤了解你的心思，只有你才確切知道自己心裡正在想什麼，旁人只是根據你的言談和表情加以揣摩。

旁觀者只能根據一個人的行爲來判斷他是哪類型的人，而難以深入他的內心世界透徹了解他。所謂「知人知面不知心」，強調的就是，我們對一個人的了解，其實只是冰山一角。

因此，只要你願意，絕對可以透過肢體語言去欺瞞對方，也可以透過言行塑造出自己想要的形象！這個形象既可以是眞象，也可以是在重要關頭保護自己的假象。

一只外觀美好、中心腐爛的蘋果，唉，奸僞的表面多麼動人！

——莎士比亞

逢人為何只能說「三分話」？

無論是在戰場、情場或是商場，任何人都很難獲得別人的真心幫助，現實生活中，為了利益而明爭暗鬥，甚至大動干戈的例子實在太多了。

莎士莎士比亞曾經寫道：「雖然我不想有意詐騙世人，可是為了防止自己被人出賣，我必須學習並且活用這套手段。」

這句話提醒我們，無論是對你的仇人或是友人，都不能傻楞楞地將自己的一切曝露無遺，因爲，他們當著你的面前或許會稱讚你的老實和坦誠，但是在背後，卻會利用你的坦白來陷害你……

有人說，辦公室內很難結交到知心的朋友。這是因爲，同事之間往往存在著相當微妙的競爭關係——大家既是工作夥伴，也是競爭對手。

同事之間往往會爲了追求工作績效，獲得得上司的關愛眼神，或者爭奪升遷的機會，而彼此勾心鬥角，甚至出現種種衝突和摩擦。

辦公室內的競爭，往往攙雜了個人感情、好惡和利益糾葛，使得互動關係比單純的朋友更加複雜。表面上看，大家似乎相安無事，見面一團和氣，其實內心裡都有各自的如意算盤。

既然是同一間辦公室裡的同事，天天工作在一起，每個人的性格、脾氣、優點、缺點，自然會在平時的互動中曝露出來。一旦行爲上的缺點和性格上的弱點曝露以後，彼此間的矛盾、衝突自然會因爲爭奪有限的升遷機會而逐漸擴大，日積月累之餘，便成了對立之勢。

由於上述種種原因，對於交情普通的同事應該存有戒心，因爲，大家有可能都戴上面具彼此對待。

辦公室是個舞台，同事之間往往是各自戴上一副虛假的面具，掩蓋自己的各種弱點，掩蓋自己眞實的面貌。

因此，對於一般的同事，你大可把他們看成泛泛之交，不必將眞心話全盤托出，說「三分話」就行了。

此外，同事對你的讚美或承諾，你也大可以不必當眞。因爲，一旦一個部門有了肥缺，大家都會費盡心思去爭去搶，自然會形成競爭局面，利益當前，有誰能不怦然心動呢？

無論是在戰場、情場或是商場、職場，任何人都很難眞正一帆風順，也很難獲得別人的眞心幫助，現實生活中，爲了眼前的利益而明爭暗鬥，甚至大動干戈的例子實在太多了。爲了長遠的利益考量，平時跟同事相處就要稍加提防，不要將懷有某種目的奉承當眞。

如果你想對你的敵人保守秘密，就不可以將它告訴你的朋友。

——富蘭克林

有些事，你必須狠心加以推辭

朋友之間當然應該互相關心，但是，對於某些敏感的問題還是小心避開為妙，千萬不能憑一時的正義感過問別人的家務事，也不要無聊到去當別人傾吐苦水的「垃圾桶」。

美國作家赫爾曾說：「想要把自己剪裁得適合每一個人的人，到最後恐怕連自己都不認識自己。」

其實，做人難免都會顧此失彼，魚與熊掌本來就不可兼得，重點應在於你如何運用智慧，在兩者之間取得一個平衡點來做你自己。

日常生活當中，每個人都有不爲人知的心煩事情，有些人卻毫不體諒別人的立場，硬要把自己的煩惱加諸別人身上，硬要把自己的私事傾吐給別人知道。

對於這些惱人的事，也許你根本懶得理會，甚至連聽也不願意聽，但是又怕對

方發生不必要的誤會，所以總是不得不耐著性子，勉為其難地充當別人的「垃圾桶」，最後心裡塞滿一堆垃圾，把自己搞得煩不勝煩。

朋友之間最常訴說的惱人私事，就是夫妻之間的糾紛和爭吵。

或許你是一個頗有正義感、深富同情心的人，聽了這些事情會忍不住想要挺身而出為某一方「主持公道」；也許你是一個心直口快的人，對於看不慣、聽不慣的事，就會衝動地想要插手……

這種做法其實是錯誤的，千萬要記住：「清官難斷家務事」，對於別人的某些私事聽過就算了，既不要把這些「垃圾」放在心裡，更不要捲入是非的漩渦之中，尤其是夫妻間的感情糾紛，否則你馬上會變成「是非人」，無法全身而退。

解鈴還需繫鈴人，尤其是不足為外人道爾的感情問題。因此，對於朋友的家庭糾紛要裝聾作啞，不要好奇或熱心地追問事情的來龍去脈，因為一旦你知情或介入了，就會被他們認定為當然的「判官」，從此不得安寧。

此外，遇到朋友對你傾吐這些惱人的問題時，如果你不想弄亂自己的情緒，就必須狠下心腸，想辦法加以推辭。

遇到對方想邀你聊一聊時，你可以推說自己很忙，不管他說得多麼可憐、哀怨，一概以「忙得不能抽身」爲理由推卸。拖延是最好的戰術，你一拖再拖，對方就會馬上轉移目標另找「垃圾桶」，這樣一來，你就可以逃過一劫。

如果你眞的避不開，那麼建議你適時「裝瘋賣傻」，裝作根本聽不懂他到底在說什麼，頻頻反覆詢問對方，讓對方覺得自己對牛彈琴，另外尋找「聽衆」。

另外，你也可以表現得心不在焉，專說些牛頭不對馬嘴的話，對方如果是聰明人，一定會識趣打住，另尋可以一吐爲快的倒楣鬼，你就可以趁機脫離苦海了。

人們所謂的社會美德，和睦的相處關係，通常不過是擠在一團的豬的美德，他們緊挨在一起是為了相互取暖。

——梭羅

每個人都喜歡被灌迷湯

人的「自我價值感」，是經由別人的肯定、讚美、鼓勵、重視而來，只要「讓他感到自己很重要」，他也會投桃報李，給你「正面的回饋」。

法國哲學家盧梭在《愛彌爾》裡寫道：「對別人表示關心和善意，比任何禮物都有效，比任何禮物對別人還要有更大的利益。」

這番話不論在職場或是商場，都相當適用。因為，絕大多數人都希望自己受到重視，渴望自尊獲得滿足，更喜歡那種「被灌迷湯」的感覺。

「自尊」是人性內在的基本需求，每個人的內心深處都希望自己能夠被人尊重、被人肯定！

在交際應酬過程中，假如你連看都不看對方一眼，握手只是虛情假意地敷衍了事，說明你根本就不懂尊重別人所能獲得的效益。

必須記住，唯有「自尊的需求」得到滿足，才能提升雙方的「自我價值感」。

許多心理學家認爲，每個人的身上都帶著一個「看不見的強烈訊號」！這個訊號就是——「讓我感覺自己很重要！」

全世界知名的「玫琳凱化妝品公司」創辦人玫琳凱女士曾說過一個親身經歷。

多年前，她開著一輛老舊汽車到福特汽車的展示中心去，想買一輛黑白相間的新轎車。

當她進了福特展示中心，業務員看她開著破舊的車子，斷定她只是來湊熱鬧，根本買不起新車，所以就不把她當一回事。當時，剛好是中午，業務員便推說他要趕赴午餐約會，就先行離開了。

由於玫琳凱女士急著購買新車，想見業務經理，但經理也不在，要到下午一點才會回來。

於是，玫琳凱女士只好悻悻然地逛到對街的另一家汽車展示中心。

該中心正展示一輛「黃色轎車」，儘管玫琳凱並不喜歡，而且價錢也遠遠超出

她的預算，但是，那名業務員的談吐十分殷勤、誠懇，讓她充滿好感。

在閒聊時，玫琳凱說想買車是因爲當天是她的生日，因此想買部車送給自己當「生日禮物」。

業務員聽了，禮貌地說自己有點事，請求告退幾分鐘。

不料，幾分鐘後，秘書小姐帶來一打玫瑰，那名業務員把整打玫瑰送給玫琳凱女士，祝賀她「生日快樂」。

「天哪！」玫琳凱說，當時她眞是「太詫異、太驚喜、太意外」了！不用說，玫琳凱買的是遠超過預算的黃色轎車。

因爲，那位聰明的業務員看到了玫琳凱女士身上正散發著無形的訊號——「讓我感覺自己很重要！」

而他所做的表現，就是讓玫琳凱女士感覺到「自己的確很重要，很受禮遇」。

曾有一位長得很帥的教授說，他太太長得不漂亮，而且年紀比他還大，在外人看來，兩人並不匹配，但爲什麼還要娶她呢？

「因爲，我太太常常誇獎我，說我很有能力，腦筋很棒，很會理財，做事做得很好，穿衣服很有品味，對人很友善……」

這教授告訴學生說：「我以前漂亮的女朋友常嫌我，老是說我不好，只有我太太會稱讚我，而我就喜歡這種『被灌迷湯』的感覺。」

人的「自我價值感」，是經由別人的肯定、讚美、鼓勵、重視而來，只要讓他感到自己很重要，他也會投桃報李，給你「正面的回饋」。

尊重你的朋友吧，你也能從中換回自尊。

就是在最好的、最友善的、最單純的人生關係中，稱讚和推許也是必要的。

——托爾斯泰

小心「和事佬」變成「牆頭草」

做人如果想要做到八面玲瓏、處處討好的話，那麼對自己無疑是一種沉重的負擔。因此，只要自己活得快樂，過得自在，做人又何必追求一百分呢？

朋友或同事之間，常常會爲了爭權奪利，或者某些謠言、誤解而鬧得不愉快。有些手腕高明的人能夠巧妙地以「和事佬」的角色出現，在調停過程中收到意想不到的效益，進而獲得別人的敬重。

但是，想要做「和事佬」必須具備一定的本領，如果你自認沒有打圓場的本事，最好還是明哲保身，不要去管別人的紛爭，就讓事情自然發展吧。

萬一，你是在被動的情況下不得不硬著頭皮出面充當「和事佬」，那就必須懂得自我保護之道。

也就是說，爲自己的行動設定一個底限，千萬不要「和事佬」當不成，反倒成了「牆頭草」，陷入紛爭之中無法自拔。

例如，有人請你出面當「和事佬」，你在無法推卻的狀況下，不妨只答應做做雙方和談的陪客，或作爲邀約雙方談和的中間人，不要反客爲主把所有調和的責任全往自己身上攬。

雙方碰面後，你最好禮貌性地與雙方交談，既不要去評斷雙方的對錯，更不該爲某人的言行多作解釋，只需告訴他們「解鈴還需繫鈴人，有什麼誤會大家可以心平氣和當面解釋清楚」。

如此一來，你的義務就算完成，剩下的事情就由他們自行解決。千萬不要捲入雙方的糾紛當中，惹來一身不必要的麻煩。

美國作家約許．畢林曾經說過一段話：「我們躲得過一頭大象，可是卻躲不了一隻蒼蠅。」

這段話告訴我們，做人如果想要做到八面玲瓏、處處討好的話，那麼對自己無疑是一種沉重的負擔。

因此，只要自己活得快樂，過得自由自在，又何必硬逼自己去當好人，硬充「和事佬」呢？

這是人性的弱點：人人都喜歡表露感情，以致在內心的衝動中暫時忘掉了日常生活中的利益。

——車爾尼雪夫斯基

「惡意」是友情的殺手

維持良好的人際關係，並不是處心積慮地迎合別人，也不是一年到頭虛情假意地「陪笑」，而是發自內心地與人交往，用和顏悅色的親切態度對待週遭的人。

一般而言，地位較高的企業主管，對於能與同事維持良好關係的職員，必然深具信心，願委以重任，相反的，一個人縱使才氣非凡，但老是和週遭的人發生摩擦，也無法獲得重用。

能與別人和睦相處的人，代表著他具有維持良好人際關係的能力，這種能力將協助他在事業上或生活上一帆風順。

至於如何與別人和睦相處，訣竅其實很簡單，那就是「將心比心」。換言之，就是你希望別人友善地待自己，就得先友善地對待他人。

經常以親切的態度對待他人，對於別人內心所希望達成的事情或想獲得的利益，如果你能時常加以關切並適時給予協助，那麼就能建立和諧的人際關係，自己也能獲得相對的回報。

如果你能設身處地對待朋友，就可以使對方感受到你的誠意和關懷。

美國人際關係大師湯姆遜．威爾森先生曾說：「友情之道無他，只能以友情獲得，人或許可以輕易地支配他人，卻很難得到他人真心信賴。」

一個性情孤僻，喜歡獨往獨來的人，由於在生活和事業上沒有眞心的朋友相扶助，想要獲得成功，就只有靠自己單打獨鬥，往往必須付出加倍的努力。

人無法離群而索居，不管在事業上或日常生活中，友情都是人生最難能可貴的珍品。眞心的朋友會爲我們帶來向上奮發的動力，時時刻刻激勵鼓舞著我們，更必須好好加以珍惜。

朋友之間的寶貴友情，是從彼此的善意關懷一點一滴累積的，充滿惡意的動機是無法和別人建立穩固情誼的。

如果你能理解這一點，善意地關懷自己想結交的人，就能快速獲得他們的友誼。

對待朋友要以善意爲出發點，如此才能培養深厚的情誼與默契，使對方樂於採納你的意見，而不會誤會你的意見是否別有用心。同樣的，要在工作場合使別人欣然採納自己的意見，維持良好的人際關係也非常重要。

狄更斯．費爾特曾提出如下的忠告：「切勿與人爭論激辯，即使彼此的意見相左，也應巧妙有禮地轉變話題。」

與朋友發生爭論，常常會傷害彼此，有時甚至會反目成仇，從此失去這個朋友。這樣的爭論無疑喪失了交談的意義和價值，既然如此，又何必爲了證明自己正確而和別人爭論不休。

史夫易特也說：「最惡劣、最糟糕的交談，莫過於爭論了。」

在商業界，雖然眞正的情誼較爲淡薄，但是維持良好的人際關係，仍然可以幫助自己成功，因此必須把它當成一件重要的工作。

其實，那些口頭上認爲「商業界無所謂友情」的人，在面臨自己無法解決困難時，往往也會尋求週遭的朋友幫忙。

以銷售員來說，想要提高銷售成績，或許有各式各樣的可行方法，但卻不會比

友情更能創造出綿綿不斷的效益。假設其他條件相同的話，一位深具協調性、容易結交朋友的銷售員，他的成功率，毫無疑問地會比其他人高出許多。

無論在商業場合或辦公處所，臉上經常保持笑容，能令人感覺溫暖、熱心、舒暢的人，十之八九都會給人留下良好的印象。

當然，維持良好的人際關係，並不是處心積慮地迎合別人，也不是一年到頭虛情假意地「陪笑」，而是發自內心地與人交往，用和顏悅色的親切態度對待週遭的人，讓彼此都擁有一副好心情。這一點，是每個人都能夠做到的。

可疑的朋友要比明確的敵人更要不得。讓一個人做你的朋友，或者做你的敵人，這樣我們才知道如何去對付他。

——伊索

文字也是交際的重要利器

倘若你是個不善與人交談的人，不妨用卡片或信函的方式來替自己製造機會，不需要華麗的詞藻，也不需要洗練的文筆和寫作技巧，只需誠心誠意地表達自己想與對方溝通交流的內容。

當有人把友誼的球投擲過來時，你應該伸出雙手好好接住，然後輕輕地回投過去，這是日常生活中獲得友誼的基礎。

在快速變遷的時代，我們往往忽略了，不管想獲得哪方面的情誼，卡片和信函所發揮的效用，其實與投球十分類似。

任職於某壽險公司的業務員湯姆先生，總是把往來的客戶細心分類，按照時間、地點與生意上的往來狀況，編製成客戶檔案，並且經常與他們保持聯繫。

除了適時的電話問候外，他聯繫彼此感情的方法大都是郵寄卡片和信函。他總

是利用郵件來傳達不同的資訊和自己的問候，使客戶時時注意到他的存在，和對他們的關心。

這一招相當管用，爲他的工作開啓了方便之門，順利打入舊客戶的人際圈，不斷開發出一批批新客戶，因此，業績很穩定地向上爬升，深獲上司賞識。

文字的最大功效在於迥異於聲音，不會瞬間即逝，比起電話交談、面對面接觸都從容得多，而且讓彼此有更寬闊的迴旋空間。

此外，文字有保存的價值，人生隨著歲月的流逝，許多交談、交誼的細節都可能慢慢地淡忘，唯有文字可以留下來。這就是爲什麼有許多人到垂垂暮年仍珍藏熱戀中的情書，或是對自己人生有重大意義的信件。

雖然電子郵件、通訊軟體、社群網站等慢慢取代了傳統信件，但是，如果你想增強自己的人際關係，就不能小看存傳統卡片和信函的作用。事實上，勤於寫信、寄卡片的人，往往就是生活中最懂得交際的人。

寫信，並非因爲喜歡寫才寫，而是著眼於當時的狀況，給予別人適當回饋的一種方式，更是一種友誼和感情的延伸。

當然，寄卡片或寄信件應該選擇適當時機，在對方最需要的時候寄去，往往能收到事半功倍的神奇效果。若是不諳時機，太遲或者太早寄出都不恰當，有時甚至會得到反效果。

倘若你是個不善與人交談的人，不妨用卡片或信函的方式來替自己製造機會，信中不需要華麗的詞藻，也不需要洗練的文筆和寫作技巧，只需誠心誠意地表達自己想與對方溝通交流的內容。

透過書信傳遞的方法，既可以爭取到眞正知心的好友，同時也可以充分讓對方感受到你的好意。此外，如果你不確定對方對自己是否存有好感，對方收到信件後的反應，往往象徵著否願意與你交往。

不善與人交談的人，生性較爲內向靦腆，面對面的直接接觸常常會讓他感到緊張、窘迫，往往不知所措，談話時不知所云，無法將自己所要表達的事情正確完全發揮出來，此時，就有必要借重文字的溝通，用最充裕的空間，舒暢地表達自己想說的。最常見到的是感謝函。

對於初次見面、瞭解不深的人，只要具體表示和對方碰面的喜悅及關心，即可構成一封完美的謝函。

若是接觸機會頻繁的人，則更該將謝函視爲必要的禮節，掌握時機妥善加以運用，如此一來，如果對方是值得交往的朋友，你就有機會將他轉變爲生活中的知心朋友，這無疑是人生的一大收穫。

好好利用文字打開對方的心扉吧！你將會得到更多的好朋友。

人們所謂的友誼，無非是互相調和利害關係，總之友誼就是一種交易方式。

——拉羅什富科

二十種交不到朋友的原因

交朋友靠緣分，做人也不必八面玲瓏，但是，假如你生活中的朋友一個個和你疏遠，那麼，你就必須捫心自問，是否犯了某些錯誤。

在現代生活中，每個人或多或少都有自己的朋友。與朋友交往時，與其由自己主觀地判定他們，倒不如先明白他們對自己的觀感，這樣對彼此日後的交往，或許會有更良性的發展。

如果你未曾留意別人對自己的觀感，往往就會忽視自己惹人討厭的一面，或是盡做出「用熱臉去貼別人的冷屁股」之類的傻事。

事先了解別人對自己的觀感，可以設法改正自己的缺失。如果，虛心檢討自己之後，認爲對方的看法有所偏頗，或是某件事錯在對方，那麼，你大可選擇不和他

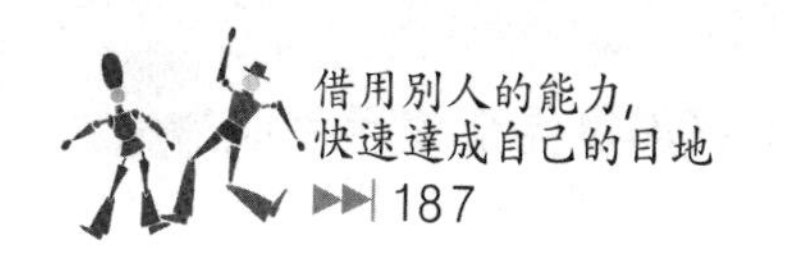

做朋友。虛心檢討自己的缺點並加以改正，是結交知心朋友的必備條件。以下列舉的是交友的忌諱：

1. 逢人光誇耀自己，話題一直繞著自己的瑣事打轉。
2. 一個人口沫橫飛說個不停，根本不顧別人喜不喜歡聽。
3. 炫耀自己的頭銜、地位、財富和自以為是的「豐功偉績」。
4. 不動就脫口說出攻擊別人的話，還自認為率性耿直。
5. 老是板著臉孔，神情嚴肅地訓斥、挖苦別人。
6. 喜歡當眾嘲弄調侃別人，自認為是幽默大師。
7. 炫耀自己的學識，說起話來咬文嚼字，裝模作樣。
8. 言談過於謙卑虛假，一味唯唯諾諾地附和別人。
9. 老是在人前裝成一副大好人的模樣。
10. 總是見人說人話、見鬼說鬼話，時常見風轉舵。
11. 滿不在乎地說謊，謊言被拆穿了還一臉無辜的模樣。
12. 善於逢迎拍馬，急於獲得上司關愛的眼神。

13.假借誠實作為幌子，滿口仁義道德。

14.言談之間盡說些他人的隱私和八卦話題。

15.偏愛悲傷的話題，老是把氣氛弄得沉悶。

16.經常對人抒發內心的牢騷，把別人當成「垃圾桶」。

17.老是背後說別人壞話，議論別人的是是非非。

18.說話太粗鄙下流，一副沒受過教育的模樣。

19.不管親疏、地點，舉動總是隨隨便便。

20.忌諱的事情太多，使別人講話也得小心翼翼。

交朋友靠緣分，做人也不必八面玲瓏，但是，假如你生活中的朋友一個個和你疏遠，那麼，你就必須嚴肅地捫心自問，是否犯了以上的錯誤。

交情不像蘑菇，在樹林子裡是找不到的；孩子，它是長在心裡的。

——高爾基

PART 6

如何讚美別人最恰當？

大部分的人一方面希望別人能夠客觀地瞭解自己，一方面打從心底裡渴望別人對自己多加肯定。因此，當我們正確無誤地誇獎別人的優點時，對方可能會覺得十分窩心。

不要讓自卑破壞人生遠景

自卑，只會讓你淪為一個微不足道的小人物，無法開創自己的人生遠景。因此，當你心裡萌生自卑感的時候，必須設法抑制這些負面情緒，不要讓他們繼續滋長。

美洲有句諺語說：「成功往往是屬於相信自己的人。」

的確，如果人生是一齣戲，想要在這齣戲中成功演出的重點，並不在於你在戲中的戲份有多少，而在於你演出時是否充滿自信。

每個人都有不同程度的自卑感，然而，一旦讓自卑無限擴大，就會變成一種病態，對自己的身心造成傷害。

因此，不管置身在什麼環境，遭遇什麼樣的人物，我們都應該要儘量避免在言語和行爲上表現出自卑感。

因爲，一旦表現出自卑的模樣，只會使你辛苦建立的的形象大打折扣。

自卑往往來自於心中的妄自菲薄，因爲缺乏信心，而在行爲上顯現出畏縮、怯懦、卑微的模樣。

過分自卑的人往往因爲缺乏缺乏自信，而不時在言行之間「自我貶抑」。

譬如，有這種心理的人常常會這麼說：「我個人的意見也許無足輕重，不過……」，「我相信，你一定會提出更有價值的修改方案」，或者說：「這件事，我恐怕很難勝任」……等等。

過分自卑的人，往往希望得到別人的誇獎、支援和安慰，甚至會想盡辦法去獲得一些口惠不實的安慰，否則情緒難以平靜穩定下來。

過分自卑的人如果在言談間被人觸及隱私或糗事時，往往會當場面紅耳赤，反應過度或過激。

過分自卑的人不敢在大停廣衆下昂然挺立，與人對話時不敢和對方的目光相接，不論做什麼事都唯唯諾諾，缺乏應有的決斷力。

在這些負面的心理狀態和行爲表現作祟下，縱使你有卓越的能力才華也無法順利展現。

自卑，只會讓你淪爲一個微不足道的小人物，無法開創自己的人生遠景。

因此，當你心裡萌生自卑感的時候，必須設法抑制這些負面情緒，不要讓他們繼續滋長，應該努力去想像自己最得意最拿手的事，對自己充滿信心，表現從容不迫的樣子。

哲學家將靈魂的各種混亂狀態稱之為病態，愚蠢的人都難免有這種病態的傾向。

——西塞羅

你幹嘛那麼謙虛？

別人只能看到你的表面，並不能看穿你的內涵，倘使你不表現自己的能力，一味地「虛懷若谷」，別人怎會賞識你的才華呢？

有些人因為想建立圓融的人際關係，常常表現出謙虛的模樣，殊不知，在這個講究實力的社會裡，過分謙遜有時會被人看作無能的象徵。想要出人頭地，必須適時展現自己的能力，才能爭取到更多表現的機會。

譬如，你想要進入某公司，在寫求職信函或面試時，謙虛地說自己「才疏學淺」，負責招聘人才的人不僅不會欣賞你的措詞，還會嗤之以鼻，認為既然「才疏學淺」，幹嘛還來應徵？

過分謙虛的人會盡可能少提出己的意見，對別人的意見即使有不同看法，表面上也會佯裝同意。在衆人面前，往往爲了順從人意而改變自己的立場。

過分謙虛的人不敢大膽地創新求變，也不敢與衆不同，凡事都要先看別人怎樣做，自己才敢跟著去做。

過分謙虛的人聽到別人稱讚自己時，總會覺得難爲情，會扭扭捏捏忙不迭地連聲說「這沒有什麼」。

過分謙虛的人會過分有禮貌，常常庸人自擾，認爲自己不行或不對，言行經常受人左右，最後就會便得凡事畏畏縮縮，唯恐出錯。

過分謙虛的人往往在事過境遷之後，才後悔地說「先前應該這樣大膽做或者應當這樣說」，並會爲此後悔懊惱不已，久久無法釋懷。

以上這些現象都應該加以避免，「妄自菲薄」的廢話，卑躬屈膝的謙和，只會讓人覺得你缺乏眞才實學。

如果你過分謙卑，那麼外在的形象必然會變得平凡庸俗。

因此，應該充滿自信，努力展現自己的才華，表現出落落大方的樣子。

記住，別人只能看到你的表面，並不能看穿你的內涵，倘使你不表現自己的能力，一味地「虛懷若谷」，別人怎會賞識你的才華呢？

過分謙卑的人應該努力改變自己的言行，儘量言行自信瀟灑，如此一來，對自己的形象才會有正面的提升，也才能掌握更多成功的契機。

發表我們的看法時帶點謙虛，我們便可以隨意改變看法而不用臉紅。

——威爾遜

朋友，從陌生開始

不要讓朋友有被忽略的感覺，不妨適時利用電話表達自己對他的關懷。就算是雙方都很忙碌，或者距離遙遠，淡出彼此的生活圈，也要記得偶爾打電話問候一下。

一般泛稱的朋友，其實應該區分為兩類，一種是泛泛之交，是生活上或工作上常常往來的人，僅止於彼此認識而已。另一種是與自己交往頻繁，可以推心置腹、患難與共的好友。

朋友其實都是從陌生開始，當你發現一個人的氣質、性格或才華吸引你，值得更密切建立彼此的友誼的時候，就應該誠心誠意地掌握各種時機，為彼此搭起友誼的橋樑。

1.在第一次拜訪對方後，打一通電話或寫封簡短信函，感謝對方的招待。

即使對方未曾熱情地歡迎你，在禮貌上也應該寄上一封致謝信。這封信的功效其實很大，它將幫助你順利地進行下一次拜訪，並且得到熱烈的歡迎。必須注意的是，對於發給顧客的信件，切勿流於制式的印刷品規格。

2.朋友之間如果有相近的志趣，一有新發現，不要忘了與對方共同分享，應該隨時向他提供相關的新訊息。

志趣是培養友情的重要方式。能夠與朋友擁有相近的興趣，就很容易推知什麼是朋友們所喜歡、所想知道的事。如果你能隨時提供有關的觀點或消息，這種關懷、體貼的心意，會使雙方的友誼更堅固。

3.適時提供朋友的競爭對手的資料，使朋友能更明瞭競爭對象的動態。

必須注意的是，不要盡收集些違反道德和揭人陰私的資料，應該著重於競爭對手的發展計劃、進行方式、提醒朋友應該留意什麼……諸如此類的正事。

實際上，任何人都希望更瞭解對手的狀況，以達到知己知彼，所以，如果你能所提供這些資料，你的朋友將會感激不盡，把你視爲莫逆之交。

4.在能力範圍內，經常邀請或招待朋友參加他們喜歡的各項活動。

邀請的項目可以包羅萬象，只要他感興趣都行，例如旅遊踏青、球類比賽、專題演講、藝術表演……等各種朋友喜愛的活動。

這些活動看似平凡，但在被邀請者的心理上，往往有一種被重視的感覺，無形中加深了友誼。

5.偶爾打打電話聯絡感情，詢問對方的狀況，增進彼此友誼。

不要讓朋友有被忽略的感覺，不妨適時利用電話表達自己對他的關懷。就算是雙方都很忙碌，或者距離遙遠，淡出彼此的生活圈，也要記得偶爾打電話問候一下。

如果你能以關懷的心情詢問對方的近況，對於生活或工作上的事務多多加以鼓勵，或者耐心傾聽他訴說煩惱的事情，將會讓對方備感窩心。

6.偶爾送朋友一些特殊的小禮物，讓對方驚奇一下。

這些小禮物，可以是一本值得閱讀的好書，一些美觀的佩飾，也可以是稍微新奇的珍品，或是對方情有獨鍾的特殊東西。只要你能確知他對什麼東西最感興趣，偶爾送些小禮物給他，他就會感激你這種體貼的心意。當然，事前你必須清楚，哪些物品應該是送給哪些人。

7.在事業上，積極尋出對朋友和自己公司雙方都有利的發展傾向。

在商場上值得結交的朋友，倘若你能坦誠告知自己的經營方向和理念，並且和他交換意見，更能持續雙方的友誼。說不定經過交談後，你們將發現，彼此在事業上有著互補的發展契機。

這樣一來，你就可以和他成爲堅實的夥伴，彼此互通有無、充分合作，一發現有趣的產品或嶄新的新創意，也可以經由充分討論後加以修正或落實。

8.應該向朋友提供自己的創意，給予必要的援助。

如果你在工作上具有特殊的創意和才華，當你認爲值得交往的朋友需要協助時，應該歡迎他來找你共同探討，盡心盡力爲他解決困難。那麼，日後你在工作上若遇到困難，相對的，他也會義不容辭地幫助你。

必須記住的是，必須把自己的創意和才華視爲無價之寶，只能提供給可以成爲好朋友的人，用在最有用的地方。

9.適時向朋友提出建設性的意見。

每個人的經驗法則、成長背景、價值觀念不同，面對事情的做法也會不同。有時，太過依賴自己的行爲模式，就有可能出現盲點。

因此，對待朋友最有效的方式是，只要認爲有益對方的事情，都不要太過客氣，儘管向朋友提議。

只要你建議的方向正確、建議方式婉轉，他將會及時發現自己的盲點和缺失，心懷感激地採用你的意見。相對的，日後他也會特別留意你疏忽的地方，提出建設

性的建議。

有許多成功人士，就是經由這類建設性朋友的協助而成功的。

何謂友誼？酒後輕易的烈焰，說人壞話的自由會談，閒來無事和虛榮心的交換，或者就是遮羞的情面。

——普希金

用「我們」來拉攏別人

說「你們」時，人們的感覺是說話的人和聽話的人分別存在，並處於不同的立場，而「我們」給人的印象，則是兩者站在同一個立場上。

清朝末年主張維新變法的康有爲，曾經在私塾教了兩年書，對於門下學生的影響頗爲深遠。

不過，有一些教育界人士，對康有爲的教學方式很不以爲然。因爲，當時康有爲很重視教導者與被教導者之間的關係，以及學習的方法，而最具代表性的學習方法，就是直接呼叫學生的名字。

當時，一般人認爲上司和下屬、老師和學生之間，應該保持一定的距離，但是，康有爲打破了這個觀念，消除了老師和學生身分上的上下關係，對每一個學生都採取「師弟」的平行立場來稱呼。

他的這種做法使得門下的年輕人備受感動，所以對他的教導很容易接受。像這種誘導心靈方式產生的功效，是一般人想像不到的。

呼叫別人的方式應該特別注意，儘量不要說「你」、「你們」，而盡可能地用「我們」來表示。

其實，很多人都明白這個道理，因爲當說「你們」時，人們的感覺是說話的人和聽話的人分別存在，並處於不同的立場，而「我們」給人的印象，則是兩者站在同一個立場上。

許多心理學家在說話時，通常不說「你們」而說「我們」，這主要是爲了要喚起聽者的關心。

此外，他們寧可說「我們」而不說「你們」，也是爲了將說話的人和聽話的人融爲一體。

由於選擇「說話方式」而達到成功的例子非常多。

例如，美國前總統尼克森，在提出美國歷史上最大的一筆聯邦預算時，就曾以這種方式對美國國民呼籲說：「偉大的政府掌握在我們大家手中，利用我們大家的錢來建立國家的時期已經來到了。」

當壞人聚成一團的時候，好人們也必須聯合起來，否則就會淪為得不到同情的犧牲品。

——柏克

別只會用嘴巴把自己「吹成」英雄

一個人的價值在於他完成了什麼事，不在於他說了什麼話。只會使用華麗的詞藻高談闊論，在現實環境根本毫無用處，只會惹來別人的陣陣訕笑。

在生活週遭或者工作場合，我們常常會碰到善於吹牛並且強詞奪理的人。千萬不要和這種專逞口舌之能的人做朋友，應該儘快和他們疏遠，即使因爲種種因素無法擺脫他們，也應該設法保持一定距離，防止他們走進自己的生活圈，否則最後受害的將是自己。

在現實生活中，也有許多喜歡動口不動手的人。有的人則胸無點墨，只會仗著一張嘴大說歪理，試圖以花言巧語矇騙對方。

有的人本身成事不足敗事有餘的人，從未幹過像樣的事情，卻口若懸河把自己說得如何傑出。

有的人明明是混不出什麼名堂的窮光蛋，卻老是幻想自己是億萬富翁，開口閉口都是鉅額的投資計劃；有的人連自己的言行都無法駕馭了，卻可以大言不慚地談論領導秘訣。

目前社會中，這種不學無術的人到處可見，我們應該小心地加以防範，不千萬要被誇大不實的謊言所矇騙。

相對的，我們也應該時時提醒自己，要腳踏實地去實踐自己的計劃和理想，不要淪為滿腦子想法，只會用嘴巴建造空中樓閣。

必須記住，一個人的價值在於他完成了什麼事，不在於他說了什麼話。

光會使用華麗的詞藻高談闊論的人，在現實環境根本毫無用處，只會惹來別人的陣陣訕笑。

譬如，有些企業負責人或是生意人，總是在別人面前議論國家財經政策，或是口沫橫飛大談企業經營謀略、管理方法，而自己的公司或工廠卻瀕臨倒閉，這豈不是一種絕大的諷刺嗎？

沒有內涵，卻善於耍弄詭辯自欺欺人的人，永遠也成不了大事。

在日常生活中，我們應該多做點實實在在的事，少耍嘴皮子玩弄詭辯的花招。同時，對於那種光會耍嘴皮子說大話的人，也要敬而遠之，千萬別把他們當作好朋友去交往。

不要把一切都告訴人家，但也絕對不要說謊。你也許已經注意到，最愚昧的人就是最愛說謊的人。

——切斯特菲爾德

如何評鑑一個人值不值得交往？

花錢的方式也會反映出一個人的性格。一個人如果握有財富，就只知道四處炫耀，滿足物質享受，或沉迷於酒色財氣，或專門攀逢達官貴人，品格自然就不值一提。

戰國時代，魏國人李克有「幕賓中的幕賓」之稱，魏文侯曾經請教他該用怎樣的人當宰相，他回答的第一句話就是：「居視其所親，富視其所與。」意思是說，在無官無職時觀察他跟什麼樣的人物交往，在富有之時則觀察他把錢花在什麼地方。

李克的這番話用在評鑑一個人值不值得交往，其實也相當適用。俗話說「物以類聚」，想要判斷出一個人的品格，最便捷的方法就是觀察他和什麼樣的人交往。

尤其是，當一個人無權無勢的時候，他所交往的朋友更能反映出他是什麼樣的人。如果他是個粗鄙庸俗的人，這時候圍聚在他身邊的肯定都是同類型的人；如果他是一流的人物，縱使沒有耀眼的權勢、地位和頭銜，還是會有一大群有志之士樂於和他往來。

日本明治初期的政治家勝海舟，曾經提到一個人在無官無職時，應該有「守節待時」的氣度。

他說道：「我這個人並不是什麼大好人，但是對人世間的行市，卻看得一清二楚。所謂的身價，是時漲時跌的，上下之間最長不會超過十年。因此，身價大跌時只要隱忍一段時候，它就會再次上漲，大可不必憂心如焚。你瞧，以前被罵成大奸人的我，如今不是成為伯爵大爺了嗎？」

此外，花錢的方式也會反映出一個人的性格。一個人如果握有財富，就只知道四處炫耀，滿足物質享受，或沉迷於酒色財氣，或專門攀逢達官貴人，品格自然就不值一提。

李克還列舉過品鑑一個人的其他三個要訣：「達視其所舉，窮視其所不為，貧視其所不取。」

意思是說，飛黃騰達時看他舉薦什麼樣的人物，窮困潦倒時看他是否還能堅持自己的原則，有所不爲，有所不取。

李克所說的這番話，都直指人性的弱點，可說是評鑑一個人的至理名言。

厚黑智典

總有一天，深藏的奸詐會露出它的原形，罪惡雖然可以掩飾一時，但難免最後露出乖醜。

——莎士比亞

成功等於努力加運氣

一個人的運氣和他努力的程度成正比，越努力的人就會感到自己越幸運，越能運用自己的幸運幫助自己成功。一個不努力的人，除了偶爾降臨的「狗屎運」之外，是沒有運氣可言的。

我們生活在充滿著激烈競爭的社會，到處都瀰漫著嗆人的煙硝味道，每個人都希望能轟轟烈烈地成就一番事業。然而，爲什麼有的人最後如願以償，有的人卻老是以失敗收場呢？

創辦松下電器的松下幸之助經常主張說：「成功是九成的運氣，一成的努力。」松下幸之助常常對親信、朋友談起漢高祖劉邦和韓信論將的故事。

有一天，劉邦跟幾個近臣評論當時的名將，韓信把那些部將一一加以評價，劉邦聽得一時興起，便問他：「像我這樣的人，可以統率多少人？」

韓信答道：「陛下頂多只能統率十萬人。」

劉邦面有慍色，接著問：「那你呢？你可以統率多少人？」

韓信答道：「多多益善。」

劉邦不以爲然地反問：「噢，既然你這麼厲害，何以被我所用呢？」

韓信從容回答道：「陛下不是將兵之才，而是將將之才（意為不是統率士兵而是統率將領之才），這就是臣之所以被陛下所用的原因。」

接著，韓信又補充了一句：「天子的地位是上天授予的，非人力所能左右。」

韓信的意思是說，貴爲至尊的天子，地位是命中注定，凡人實在高攀不上。

松下幸之助認爲，韓信的話乍聽之下似乎自歎不如，其實卻透露著弦外之音，那就是：「你不過是運氣比我好罷了，有什麼好誇耀的呢？」

因此，松下幸之助認爲，個人的天分、努力固然相當重要，但是，生命之中有許多因素是人無法控制的，如果機運不佳，也不足以成大事。

但是，教育界出身，曾經當過王冠唱片社社長，後來涉足政界成爲參議員的有田一壽，卻反駁松下的說法，他認爲：「命運對任何人都一視同仁。成功與否全看

個人努力程度，命運所佔的比例是零。」

有田一壽又說：「不管先天的環境如何，善用它的人就會成功，不懂得運用它的人必然失敗。」

人稱「經營者之神」的松下幸之助倡言「命運論」，而享譽政界的有田卻大唱「努力論」，乍看好像是兩種尖銳對立的論調，其實，這兩種只是一體兩面，基本上沒有什麼不同。

事實上，一個人的運氣和他努力的程度成正比，越努力的人就會感到自己越好運，越能運用自己的好運幫助自己成功。至於那些不努力的人，除了偶爾降臨的「狗屎運」之外，是沒有運氣可言的。

許多人好吃懶做，整天只會做白日夢，或者做事一意孤行，完全不講究方法，也不聽從別人的建議，事後卻滿嘴牢騷責怪命運不公，感慨自己懷才不遇。

這樣的牢騷，對命運而言，一點也不公平。

如果你至今仍然一事無成，在羨慕嫉妒別人的好運、怨嘆命運不公之前，不妨先檢討自己真的盡心盡力了嗎？自己做事的方法真的正確無誤嗎？自己是不是及時把握住身邊的每一個機會呢？

等你確定自己已經盡了一切可能的努力之後，再來怪時運不濟吧。

在世上要獲得成功只有兩種方法，一是通過自己的努力，一是通過別人的無能。

——拉布呂耶爾

會「修理」你的朋友一定要交

朋友太多了就難辨真偽，必須在日常的交往中去積累經驗，記取教訓。不過，有一種朋友肯定值得一交，那就是會當面「修理」你的朋友。

生活在這個世界上，每個人都會擁有自己的朋友。

有很多人因爲好朋友的幫助而獲得成功，也有很多人因爲壞朋友的算計而招致失敗，甚至因爲結交壞朋友的緣故而傾家蕩產、妻離子散。

這樣慘痛的事例並不少見，而且一再地在人生舞台上演。

正因爲如此，我們在結交朋友時必須小心翼翼，寧可沒朋友，也不要結交一堆狐群狗黨。

當你緊閉心扉的時候，有的人會用熱誠的心去開啓。遇到此種情景時，你不妨試著和他交往，仔細觀察他的言行舉止，不然就可能錯失一個難得的好朋友。

當然，想要敲開你心扉的人，也許會有其他企圖，但只要你睜亮雙眼，就可以洞察他的眞正目的，他的詭計就難以得逞。

人生在世，無可避免地要面對「結交朋友」這個課題，交上好朋友是你的幸運，他會使你走上人生的光明大道，甚至爲你帶來事業上的成功。

若是交到壞朋友，這將是你一生中最大的不幸，他不把你誘入歧途徹底毀滅，是不會甘心的。

朋友有很多類型，他們對待人的態度也是五花八門，有見面專說恭維動聽的好話，有的專門灌迷魂湯，誘使你一步步墮入罪惡的淵藪；有的口蜜腹劍，專在背後捅你刀子；有的熱情似火，有的冷漠如冰；有的有事相求才會找你，還有的必須給他好處，才會認爲你是「朋友」……

朋友太多了就難辨眞僞，必須在日常的交往中去積累經驗，記取教訓。不過，有一種朋友肯定值得一交，那就是會當面「修理」你的朋友。

會「修理」你的朋友，與專說好話給你聽的朋友比起來，你肯定會討厭他們。

因爲，這種朋友說的都是不中聽的話，而當你得意洋洋地向他訴說某項計劃時，他又會迎頭潑你一盆冷水，你滿腹的計劃、理想，往往被他毫不留情地說得一無是處。有時，他還會把你爲人處事的缺點批評一通……

總之，從他嘴裡聽不到一句讓你高興的話，這種人不使人討厭才怪。

但是，如果你因爲怕聽那些令自己不愉快的話，就懶得和這種人交朋友，那就大錯特錯了。

一般人在與人交往過程中，都儘量不去得罪人，因此多半會說些好聽的話讓別人高興，這算不上奸詐或卑鄙。

但是，站在朋友的立場，明知道你有某些缺點而隱瞞不說，反而一味地吹捧你，這又算什麼朋友？

這種朋友即使不害你，也失去了交友的意義。

有些人喜歡聽好話，聽了好話便喜上眉梢，完全不去仔細琢磨這話裡面攙了多少虛假成分，而且一樂昏了頭，就會對這些朋友言聽計從。

相較之下，光揀難聽話說、讓你討厭的朋友，無疑眞實多了。他們絕對不會有求於你，但出發點又是爲了你好，這種朋友難道不値得交往嗎？

人一旦有求於人，在別人面前說話必定句句都是好話；用難聽的話來「修理」你的，才是眞心想助你進步、成功的人。

我們與其說是需要得到朋友的幫助，不如說是需要得到確信在患難時能獲得朋友幫助。

——伊比鳩魯

如何讚美別人最恰當？

大部分的人一方面希望別人能夠客觀地瞭解自己，一方面打從心底裡渴望別人對自己多加肯定。因此，當我們正確無誤地誇獎別人的優點時，對方可能會覺得十分窩心。

在某些時間，某種場合，發自內心地對他人說出禮貌性的讚美，只要不是那種誇大其詞的胡亂吹捧，對彼此之間的心靈溝通和增進友誼，是大有好處的。

有些生性內向的人可能會認爲，讚美別人的話語未免有奉承之嫌實在令人羞於啓齒，因而產生排斥抗拒的心理。

其實不然，讚美不是瞎吹亂捧，並不是阿諛諂媚，而是發覺對方的優點和長處之時，公開加以肯定。

每個人都有自己的長處和短處。我們不應該一味地盯著別人的短處看，而忽略別人獨特的長處，而應該以「金無足赤，人無完人」的觀點，原諒他人的短處，看重他人的長處。

我們當眾讚美某人，並不是要欺騙大家，只是要大家注意他的長處，也讓他因爲受到大衆的注意而格外珍惜自己的長才，繼續朝這方面努力。

可見，讚美絕不是有求於人的低下行爲。

讚美有好幾種方法，第一種方法是「貶低自己」。

適時地貶低自己，即能相對地捧高對方。這種方法，即使是不擅言辭或不擅讚美的人，也能輕而易舉地使用。

技巧性地批評自己略遜對方一籌，可以讓別人在心理上產生平衡感，充滿自信心，對方聽了之後，心中的舒坦自然不言可喻。有時，你不妨試試這種「貶低自己」的方法，達到激勵別人的目的。

讚美的第二種方法是「當面誇獎」。

讚美和討好原本就很難界定，中間存有模糊地帶，一般而言，讚美是正面的誇獎，討好則是具有目的性的阿諛奉承，屬於一種較卑劣的手段。

「你的身體看起來眞棒，請告訴我你是如何鍛鍊的，行嗎？」

「你的銷售任務總是完成得那麼好，有什麼訣竅嗎？」

我們都清楚，表揚也是讚美，通常是上級對下級的一種激勵手段，而誇獎是不分階級的。

大部分的人一方面希望別人能夠客觀地瞭解自己，一方面打從心底裡渴望別人對自己的優點多加肯定。因此，當我們正確無誤地誇獎別人的優點時，對方可能會覺得十分窩心。

當然，誇獎是有技巧的，要切記不要隨便見人就誇獎，更不要輕易討好與你有芥蒂的人，否則，他會認爲你別有用心，反而使內心的成見加深。

總而言之，誇獎必須言語坦誠，否則，只會讓人感覺到你是無事不登三寶殿或是黃鼠狼給雞拜年，從而心生警戒。

朋友之間聯繫感情，原本就不是一件容易的事，用讚美的方式來聯絡感情，則是最簡單、最有效的方法。

有些人不肯開口讚美別人，有三種情形。

第一是誤認爲讚美就是諂媚，有損自己的人格；第二是自視清高，覺得一般人都比不上自己；第三是害怕別人勝過自己，使自己相形見絀。

其實，爲人處世大可不必抱有這種負面心理，爲了與朋友相處得更融洽，你不妨認真地研究一些如何讚美別人的方法，只要你的讚美出自眞誠，必然可以領略到其中的好處。

無論如何掩飾，喜歡獲得讚美的熱情，在每個人心中或多或少地存在並且燃燒。

——愛德華·楊

站在對方的立場來說服對方

如果從一開始就強調自己的立場，彼此間的鴻溝就會越來越深，當對方有了對抗的心理狀態時，你是絕對無法說服他的。

在錯綜複雜的人際關係中，不是每個人都有左右逢源的能力。要讓別人喜歡並相信你，除了首先肯定自我，還應當探究人的潛在心理。

須知，運用心理學的技巧，會使你深得人際交往的奧妙，而不會被一些表面現象所迷惑，並且能在自己和他人之間，架起一座心靈的橋樑。

美國第十六任總統林肯，曾經以一句「爲人民而創造的政治」之名言，掌握了民衆的心，而爲民衆所擁戴。

林肯總統在面對需要說明的場面時都會說：「我在開始議論時，就會將彼此意見的共同點尋找出來。」

林肯在有名的奴隸解放演說中，最初三十分鐘，只敘述一些持反對態度者所贊同的意見，然後再將反對者，按自己的目標逐漸地拉到自己這邊來。

林肯的說服方法，如果從潛在心理學來看，有兩個要點，第一就是人往往在被別人壓抑住其自身的意見時，自己才發現眞實的一面，而反過來完全地信賴對方。

第二就是「自我發現」時，在主觀上仍非常相信就是自己的意思，而事實上，這往往是被說明者誘導出來的結果。

林肯運用這個技巧的秘訣，就是在演講的前三十分鐘，先巧妙地軟化敵方，也就是在開始時先強調敵我之間的共同點，引導對方，使他們一步步接受自己的觀點。

如果從一開始就強調自己的立場，彼此間的鴻溝就會越來越深，而演變成「如果你有那種想法，那我只好和你拼了」的局面。當對方有了這種對抗的心理狀態時，你是絕對無法說服他的。

因此，如果在交涉的場合有五項待解決的事情，而你在剛開始時，就能把五項中最困難的問題提出來，也不失爲是一種好的做法，因爲最困難的問題都能解決，

其他的當然不會有什麼問題。

但是，對方必定也很在意大問題，所以也有可能從一開始交涉，就因決裂而使事態惡化。所以，在這種情況下，一個能幹的交涉者，往往在開始時以比較簡單的問題作爲議題。

在討論這個議題時，他會說：「事實上也沒有任何別的問題，至少對於這個條件，我們的意見是一致的，下一個事項同這個事項也沒有多大的差別……」

如果五個問題中能用這種方法使對方贊成三個的話，那麼這個會議就差不多可以結束了，即使到了後面要討論最大、最困難的問題，只要採取這種方式，十有八九是都會成功的。

要和氣對待弱者，要把欺凌弱者當作丟人的事，因為弱者的報復，往往比強者更加厲害。

——克雷洛夫

「糊塗」真的很難得嗎？

在日常生活中，如果能交上「難得糊塗」的朋友，無疑是一大幸運；若能以「難得糊塗」的心態去善待朋友，則是彼此更大的幸運。

在日常生活中，我們常常見到精明的人因為太過「精明」的緣故，老是與別人鬧得不愉快，而隨和的人卻因為很隨和，與人交往得和睦溫馨。

有人認為，在這個現實的社會，隨和的人總是糊裡糊塗地吃虧受騙。其實，為人處事的最高境界就是為「難得糊塗」。

「難得糊塗」一語是鄭板橋的名言。

這句話四處可見，常常被人張掛在牆壁上，壓在玻璃板下，牢記於心，默禱於口，但是，又有幾人能真正了解其中所包含的玄機和真諦呢？

乾隆年間，鄭板橋在外地當縣令，有一天，他收到了在家務農的弟弟鄭墨寄來的一封信。

鄭板橋和弟弟鄭墨之間經常通信，然而這一次，鄭墨卻央求鄭板橋出面，到本地縣令那裡疏通關係。這封信使得鄭板橋很不自在。

鄭墨粗識文墨，並不是個喜歡惹是生非的人，只因這次受人欺侮，心裡一口怒氣實在嚥不下去，才想找哥哥幫忙。

原來，鄭家與鄰居的房屋共用一面牆。鄭家想翻修祖屋，鄰居出面干涉，說那堵牆是他們祖先傳下來的，不是鄭家的，鄭家無權拆掉。

其實，房契上寫得明明白白，那堵牆是鄭家的，鄰居借光蓋了房子又無端惹是生非，分明是想爲難鄭家。鄭墨氣不過，一狀告到縣衙裡，官司尚無結果。鄭墨心想，自己有契約可以證明那面牆是自己的，如果再加上哥哥出面向當地縣令說情，這官司就必贏無疑了。

鄭板橋收信後考慮再三，給弟弟寫了一封信，勸他息事寧人，同時寄去了一張條幅，上寫「吃虧是福」四個大字。

另外，他還給弟弟另附了一首打油詩：

「千里告狀為一牆，讓他一牆又何妨；
萬里長城今猶在，何處去見秦始皇？」

鄭墨接到信，深感哥哥深明事理，就立即撤了上訴，向鄰居表示不再爲一堵牆相爭，傷了鄰里和氣。

那鄰居被鄭氏兄弟的一片至誠所感動，也表示不願繼續鬧下去。於是兩家重歸於好，仍然共用一牆，在當地一時傳爲佳話。

由此足見鄭板橋的淡泊達觀。

就上述行跡而言，「糊塗大師」的糊塗眞言，絕非一般糊塗俗語所能涵蓋，其中含有爲人處世的大智慧，蘊人生歷練，藏人生滄桑。

一般所謂的「糊塗」，是眞正的糊塗，是癡、呆、笨、傻、憨、迷的通稱。但鄭板橋所說的「難得糊塗」，顯然是一種高層次上的心靈修爲。

法蘭西斯．培根曾在他的《隨筆》中寫道：「有一點傻氣，但並不是呆氣，再沒有比這對人更幸運的了。」

同時，他還指出一點：「炫耀於外表的才幹徒然令人讚美，而深藏不露的才幹則能帶來幸運，這需要一種難以言傳的自制和自信。」

在日常生活中，如果能交上「難得糊塗」的朋友，無疑是一大幸運；若能以「難得糊塗」的心態去善待朋友，則是彼此更大的幸運。

偶然的裝傻乃是聰明。在必要的時候不懂得假裝傻瓜的人，不能算是真正聰明的人。

——富勒

PART 7
朋友也必須「分級」喔！
有的人就是誤以為朋友都是好人，
對所有的朋友一視同仁，
結果受到不少物質和心靈上的傷害。
為了避免自己受到傷害，
你必須把朋友按不同的等級來區別對待。

朋友也必須「分級」喔！

有的人就是誤以為朋友都是好人，對所有的朋友一視同仁，結果受到不少物質和心靈上的傷害。為了避免自己受到傷害，你必須把朋友按不同的等級來區別對待。

有的人天眞地認爲，朋友之間的交往應該以「誠」相待，而且要一視同仁，不能厚此薄彼。

其實，這是錯誤的想法。結交朋友當然不能別有居心，但是絕對不可以一視同仁，而要嚴加區別！

因爲，我們的時間、精力極爲有限，只能選擇將眞心眞意用在値得交往的人身上。所謂的一視同仁，只會讓自己爲了要應付朋友而心力交瘁。

結交朋友的時候，或許我們自認不會利用朋友或欺騙朋友，但是，別人心裡卻不一定抱持著相同的坦蕩想法。你必須了解，自己週遭的朋友當中，人格高尚的固然不少，別有居心的人卻在所難免。

對那種心懷不軌、不夠朋友的朋友，難道你也要像對待眞心誠意的朋友那樣一視同仁？

如果你有這麼愚蠢的想法，只會害了自己。

所以，在不得罪「朋友」的大前提下，你應該把所有的朋友分爲幾個等級，有「推心置腹級」、「可商大事級」、「酒肉朋友級」、「點頭招呼級」、「保持距離級」……等等。然後，根據這些等級來決定自己與他們來往的親密程度，千萬不要「越級」對待。

有的人就是誤以爲朋友都是好人，對所有的朋友一視同仁，結果受到不少物質和心靈上的傷害。

爲了避免自己受到傷害，你必須把朋友按不同的等級來區別對待。

這種做法似乎無情，卻是不得不然。

面對複雜的人性，你有必要要求自己把朋友按等級加以區分，只有這樣，結交朋友時才會比較冷靜客觀，對眞心眞意的朋友也比較公平。

當然，人都有主觀的一面，有時難免會誤解好人，錯信惡人，因此，爲了儘量少犯這樣的錯誤，在將朋友分等級的時候，你可得再三斟酌，小心翼翼。

感情豐富的人要把朋友分「等級」，可能會比較困難，因爲，他們常常眞情流露，動輒把別人當成朋友或知己，等到吃虧受騙後，熱情才會自然冷卻，確實把朋友按等級區分。

如果，你覺得把朋友分成那麼多級太過麻煩，不妨將所有的朋友簡化，劃分爲「深交級」和「淺交級」。

「深交級」的朋友應該是你信賴的知己，可以和他分享你的一切，至於「淺交級」的朋友則只需維持基本的禮貌即可。

另外，根據朋友不同的身分、愛好，調整與他們交往的方式，也是不可忽視的。

但是在交往過程中，一定要切記，不管朋友的地位如何，經濟狀況如何，必須先確定他是個好人才與他交往。

也就是說，別人以誠相待，你方可以誠待他。

一般而言，當你生活過得平淡或抑鬱不得志時，不必急於把朋友分等級，因爲困苦的際遇是考驗友情的試金石，在你落魄時還能與你維持感情的朋友，大都是眞心的朋友。

但是，當你飛黃騰達的時候，就非得將朋友分等級不可！誰知道那麼多朋友裡頭，有沒有人虛情假意，另有所圖呢？

相知有素的朋友，應該用鋼圈箍在你的靈魂上，可是，不要對每個泛泛的新知濫施你的交情。

——莎士比亞

六種千萬不能交的「惡友」

喜歡饒舌的人堪稱八卦專家，最喜歡談論別人的是非，整天東家長西家短說個不停。他們的口頭禪是：「我保證嚴守秘密。」一旦你把自己的隱私告訴他們，後果將不堪設想。

生命是一本書，在好而不在多。因此，倘若想好好生渡過每一個日子，除了親人相互照應之外，沒有志同道合的朋友扶助是不可能的。

然而，所謂的朋友，有的眞情率性，有的虛情假意，得看清楚他的本性再決定要不要結交。

以下列舉的幾種人，最好少跟他們往來。

一、口是心非的朋友

這種人口裡對你說一套，心裡盤算的又是另外一套。他一知道你喜歡聽什麼樣的話，就會迎合你的意思，但是，你可別指望他在行動上兌現。

譬如，你有事請他幫忙，他會拍胸脯表示包在他身上，當你滿懷希望請趕快進行時，他卻一而再再而三地找藉口推託。

這種人際不值得信賴，也不值得交往。

二、專門點頭的朋友

這種人對你的任何想法都點頭表示贊同，不會就你的任何觀點進行反駁，「我同意」，「這樣幹不錯」是他的口頭禪。

這種人對任何事情都贊成，實際上，這種一視同仁的點頭毫無意義，因爲，他絕對不會幫你的忙，成敗是你自己的事。

三、「萬事通」的朋友

這種人的專長是吹牛不打草稿，對他們來說，上至天文下至地理，無論哪一方面的事物全都知曉。

他們自封爲社會學專家，唬弄人很有一套。在他們的詞典裡，什麼樣的辭彙都有，唯獨缺少「這方面我確實不行」，「我錯了」，「這事我眞不瞭解」之類的詞語。其實，他們所說的往往是道聽途說或自行杜撰的，你可千萬別輕信。

這種人最大的本領是沒有任何本領，當你接二連三地發現他們鬧出令人尷尬的笑話甚至錯誤，爲時已經晚了。

四、思想僵化的朋友

這種人不是壞人，但是與他們相處很累人。他們做事勤奮認眞，標準定得很嚴苛，卻渾渾噩噩抓不住要領，通常達不到目標，典型的成事不足敗事有餘。

這種人的特點是，無論在什麼場合，總是一副兢兢業業、緊張兮兮的模樣，但是完全搞不清楚重點，不知道什麼重要，什麼並不重要。

五、喜歡饒舌的朋友

這種人堪稱八卦專家，最喜歡談論別人的是非，整天東家長西家短說個不停。他們的口頭禪是：「我保證嚴守秘密。」

萬一你不小心輕信他們信誓旦旦的「保證」，而把自己的隱私告訴他們，後果就不堪設想。

與這種人交往相當危險，因爲，他們既然可以在你面前議論別人，當然也會在別人面前大肆議論你。

六、假裝無知的朋友

這種人平常總是表現出一副遲鈍笨拙的樣子，好像什麼事情都不懂，不能獨自擔當，連處理芝麻細事都要請人幫助。其實，他們是故意裝笨裝傻，專門利用別人去幫自己做事。

這種人的特點是，有好處自然少不了他們，他們必然「恰巧」在場；一旦有事需要他們幫忙時，卻影子都找不到了。

你的敵人和你的朋友串通起來，才能傷透你的心；他們一個毀謗你，另一個把消息傳給你。

——馬克吐溫

你能原諒你的仇人嗎？

原諒仇人可以使你在日常生活中掌控自己，情緒不致隨著對方的一舉一動而起伏，既可降低對方對你的敵意，亦可緩和你對對方的敵意，何樂而不為？

文雅的舉止，謙虛的談吐，和藹的容顏，這些都是我們在交際場合中應該具備的。如果你在待人接物中能夠做到熱情而不過分，客氣而不失禮節，那麼，肯定會有很好的人緣。反之，即使是有「理」也會變得無「禮」，還會對你的人際交往形成障礙，惹出諸多的麻煩。

當你和朋友之間有了芥蒂，由朋友翻臉成了冤家時，這種關係該如何處理？是隨時準備火力進攻，還是退一步海闊天空呢？

正確的方式是保持風度，原諒你的仇人。

人與動物的不同之處在於，動物的一切行動都依本性而發，完全屬於自然反應；但是人的行動會通過大腦的思考，並依照當時的心理需要，做出各種不同的選擇。

原諒仇人，當然是很困難的一件事。

絕大部分人碰到仇人就會分外眼紅，恨不得置他於死地。即使不到那種強烈憎惡的程度，或環境條件不允許將對方徹底消滅，也肯定會採取「老死不相往來」的冷淡態度。因此，能夠原諒仇人的人，胸襟和氣度無異達到了至高的境界。

原諒仇人，可以使你在日常生活中確實掌控自己的意志，情緒不致隨著對方的一舉一動而起伏。

其實，原諒你的仇人，既可降低對方對你的敵意，也可以緩和你對對方的敵意，何樂而不爲？

在競爭激烈的現代社會中，不少人由於各式各樣的原因而與人爭鬥，有些人一陷入爭鬥的漩渦便不能自拔，爲了利益或爲了面子，硬要爭得你死我活。一旦自己在法理上佔上風，更是得理不饒人。

必須謹記「得饒人處且饒人」的道理，適時放對方一馬，讓他順著台階下，別

弄得對方太沒面子。

其實，原諒敵人並不是很難做到，如果你能做到這一點，你在朋友之中的聲譽，無形中會提昇許多，日後絕對會大有好處。

對方理虧之時，你卻能寬宏大量原諒他，他必定會心存感激。

即使他不心存感激，也不應該把對方逼進死胡同，因爲，你若一再進逼，讓對方走投無路了，他爲了「求生」就可能不擇手段進行反撲，必定對你造成巨大的威脅。更何況，誰能保證日後你和他不會「冤家路窄」？屆時他若強過你，你豈不也要吃虧？

一個念念不忘舊仇的人，它的傷口就永遠難以癒合，儘管那本來是可以痊癒的。

——培根

你能「忍」得令人欽佩嗎？

千萬別為了一時的「痛快」，而揮灑你怒火岩漿般的情緒，「忍」不僅對你達成終極目標有莫大的裨益，但對你本身的修為也絕對是有好處的。

「忍」是非常重要的處世要訣，也是獲得最後勝利的關鍵。在我們無法掌控的某些時間或某些場合裡，不如人意的事情常常會發生。例如，有的事情難以辦好，有的事情沒法很快辦好，有些事情更不是自己的能力所及的，所以，你只能隱忍，等待時機。

「小不忍則亂大謀」，古人早有明訓。

不能忍耐的人，雖可以暫時宣洩心理上的怨氣和壓力，但終究不是最好的辦法，弄不好還會毀了自己的前程。

歷史上，韓信忍受淮陰惡少胯下之辱，留下有用之身，終於成爲一代名將；孫臏忍下龐涓對自己的欺騙、凌辱，裝瘋賣傻保住一命，最後終於報仇雪恨，在馬陵道用亂箭射殺龐涓。

因此，萬一你所處的環境尚未正確評斷你的價值與才能，那麼，你唯一能做的事就是繼續努力奉獻，並且將種種不公隱忍下來。

孟子曾說：「天將降大任於斯人也，必先苦其心志，勞其筋骨，餓其體膚，空乏其身，行拂亂其所為，增益其所不能。」

如果心志不堅，筋骨不壯，體膚不強，不經千錘百鍊，豈能挑起重責大任？如果沒有做出巨大的貢獻，何來非凡的報償？

因此，當形勢比人強的時候，就應學諸葛孔明，高臥隆中自我修習，等待識得千里馬的伯樂。

依照歷史經驗，不能忍耐局勢環境所帶來的痛苦的人，而成大功立大業的例子似乎不多，大部分成功的人物起初都不甚如意，總是經歷過層層磨練以後，才會脫穎而出！

不能忍一時之氣的人，不論走到哪裡都不能忍氣、忍苦、忍怒、忍謗，總是要發作，要抗拒，所以常常形勢還沒好轉就垮了。

日本德川幕府的創始人德川家康，是將「忍」字訣發揮得淋漓盡致的高手。他奉「忍」爲訓，「忍」得令人欽佩。

德川家康，一五四二年誕生於日本三河岡崎城主松平廣忠家，幼名竹千代。他六歲時被送往駿府今川義元處當人質，中途遇劫被送至尾張，八歲時又被充作人質交換而送往駿府。直至十九歲今川義元死後，他才回到岡崎城繼任城主，前後渡過十三年茹苦含辛的人質生活，靠的就是忍。

十九歲獨立後，德川家康爲盟友織田信長所驅使，而且被迫殺死自己的妻子。到四十一歲時，織田信長被爲部將明智光秀所殺，他仍不得不臣服於擊敗明智光秀的豐臣秀吉，一直忍到五十七歲時，豐臣秀吉去世。

豐臣秀吉死後，德川家康代理政務，二年之後，在關原之戰大破石田三成的軍隊，再經過三年，才被朝廷封爲征夷大將軍，正式開創了德川幕府，當時他已經六十八歲。

自從十九歲獨立後，德川家康一直信奉「忍耐乃久安之基」，歷經了四十九年，終於熬出頭了。

如果再加上當人質的十三年，一輩子忍了六十二年！

這樣的忍耐，確實是忍人之所不能忍，是「大忍」。

今村了介在《帝王書》中指出：「忍耐時，他徹底忍耐，決斷時，他斷然決定，絕不猶豫。正因為這樣，家康才能稱霸天下。」

像德川家康這樣的忍耐功夫，是多麼到家，而忍耐之後蓄勢一擊，又是多麼的雷霆萬鈞。

就像勾踐臥薪嘗膽，臣事敵人，卻不忘準備復國大業，現代人在忍耐之後，也必須爲日後出頭儲備實力，見機行事，以便一舉成功。

因此，當你碰到困難和挫折，多想想自己的遠大目標，爲了達成目標，眼前的一切屈辱不快，都必須忍下。

千萬別爲了一時的「痛快」，而揮灑你怒火岩漿般的情緒，「忍」不僅對你達成終極目標有莫大的裨益，但對你本身的修爲也絕對是有好處的。

如果你以前很少忍耐，那麼，不妨從今天開始練習你的「忍術」吧，因爲你前面的路還長得很呢！

為了成功，我一定要抑制住自己，不讓我的感情曝露出來，我滿心都是堅決的忍耐。

——弗洛里奧

每個階段都要有個「抱負」

人生數十寒暑，二十到三十歲這段時間是用來適應社會的，三十到四十歲則是衝刺的大好時光，到了四十歲以後，就是驗收成果的時候了。因此，你怎可蹉跎歲月？

有一位手藝高超的理髮師說，他中學畢業就到髮廊當學徒，對理髮這個工作並不特別喜歡，只是因爲不知道除了理髮，自己還可以找到什麼工作，於是就得過且過地一直混到當兵。

退伍後，他一時找不到合意的工作，便又回到理髮本行當助手。眼看著自己已經二十幾歲，卻前途茫茫，有一天，他終於下定決心，立下了遠大的目標——成爲理髮界的佼佼者。

從此以後，他的學習態度有了重大的轉變，除了勤加學習之外，也不斷收集、參考相關書籍，甚至走在路上也仔細研究過往行人的髮型，簡直到了瘋狂的地步。

不到一年，他便由助手升為師傅，而且很快就闖出名氣，幾乎每個到這家髮廊的客人，都指名要求他剪、燙、吹。後來，他向親朋好友借了錢，自行創業開了一家美容院。

這個故事乍之下聽似乎平淡無奇，但是相當值現代的年輕人學習。這位理髮師傅立下的目標就是一種人生的「抱負」。說得更明白些，就是他意識到了一件相當重要的事——在這個行業中，我究竟要成為什麼樣的人？

大部分的人工作都是為了「養家餬口」，為了「理想」而工作的人畢竟不多。

但是，如果工作只是為了「餬口」這麼單純的目的，那麼生活一點也不難——不能「餬口」，「理想」就很難實現，因此，為了餬口而工作並不可恥。

如果你希望你這一輩子能有所成就，那就不應以「餬口」為滿足，應該擁有自己的抱負，把這個抱負變成追求的目標，毫不懈怠地向它前進。

鋌而走險從事不正當行業，或者厚著臉皮去當乞丐，不是也可「餬口」？

當然，並不是說沒有「抱負」的人這輩子就「不怎麼樣」，而有「抱負」的人

就會成就非凡。而是，有抱負並努力去追求的人，他的成就會比渾渾噩噩過日子的人來得高，而且機會也比不知向前的人更多。

因爲，有抱負並努力去追求的人，會不斷去吸收新知，充實自己，追求成長，所以，他們會比別人早一步拔得勝利的旗幟。

在現實生活中，就有許多人是靠著抱負走過來的。或許他們的「抱負」會隨著環境的變動而有所不同，但他們永遠會爲自己定下一個追求的目標。

人生數十寒暑，二十到三十歲這段時間是用來適應社會的，三十到四十歲則是奮力衝刺的大好時光，到了四十歲以後，就該是驗收成果的時候了。因此，你怎可蹉跎歲月？

一個人若是沒有確定的航行目標，任何風向對他來說都不是順風。

——蒙田

你是那種不願意說「是」的人嗎？

如果你朋友是那種傲慢得從不說「是」的人，你就應該像興登堡的參謀們一樣，將自己的意見「滲透」到他的心裡去。

有些自視清高的人，從來不願受人驅使，別人有事求他卻很樂意，跟這樣的人交朋友，你要善知他的性格特點才行。

這種人，他們與別人交往的時候很少點頭稱「是」，常常擺出一副傲慢的姿態，似乎別人都不如他，有這種特徵的人通常身分層次較高。

其實，根據心理學家的分析，凡是不願說「是」的人，並不全是傲慢，有的反而是懷有強烈的自卑感，內心恐怕自己比不上別人。

正是因爲擔心自己比不上別人，所以不喜歡說「是」，藉著這種行爲來補償自己的自卑觀念。

從前的德國名將興登堡，就是這樣一個典型的例子。他的一個部下曾在一部回憶錄裡記述說：「元帥（指興登堡）從來不對我說『是』，當他不說話時，差不多已等於贊同我的意見了。我相信他對於『是』字相當厭惡。」

興登堡的參謀都已捉摸透興登堡的這種性格，懂得用各自的意見「滲透」元帥的心，這樣一來，雖然元帥不用口說「同意」二字，大家也都明白元帥已經接受了各人的意見。

興登堡雖然具有不說「是」的缺點，但他有豐富的分析能力，善於分析利害，是一位很好的將領人才。

在日常生活中，你可能遇到不說「是」的朋友，也可能你自己就是一個不喜歡說「是」的人。

如果你朋友是那種傲慢得從不說「是」的人，你就應該像興登堡的參謀們一樣，將自己的意見「滲透」到他的心裡去。

而如果你自己是那種不願說「是」的人，就應該捫心自問，自己的這種姿態是清高自傲，還是自慚、自卑？

如是自卑，就應該虛心向人學習，如果是自傲，則應想到大家都是平常之人，自己雖然不錯，別人肯定也有許多長處，憑什麼傲慢呢？

厚黑智典

朝廷上的偉人，都恪守著兩條準則：始終不露聲色和永不守信。

——斯威夫特

緩和人際關係的六種潤滑劑

假如你不希望與發生芥蒂的朋友把關係越搞越僵，就不要放過任何機會，善用「潤滑劑」讓你們的友誼順暢運轉。

人與人交往最好不要鬧到彼此關係緊張，但這只是理想的目標，朋友之間發生爭執、摩擦是很難避免的事情。既是如此，懂得善用緩和人際關係的「潤滑劑」，不僅對自己，對於周圍的人也頗有必要：

一、以好意的表情或態度接待

如果對方在氣頭上，自己卻仍與他一般見識，無疑將會更加深雙方的裂痕。

刻意的傻笑臉孔會招致反感，不如以自然而明朗的表情迎接，相信對方也會回饋你的好意。

二、不可缺少打招呼

雖然不能像聖人般若無其事，但可和平常一樣打招呼，即使對方不理睬，只要耐心地持續，總有盡釋嫌隙的一天。而且，打招呼的時候要心情愉快，唯有如此，才有機會恢復人際關係。

至少，這樣的努力可防止關係繼續惡化。

三、留意說話的語調

不管使用的措詞多麼優雅婉轉，語調卻有魔力抹殺措詞的本意。因此，必須細心留意說話的語調。

四、贊成時要高聲地說

會議中，如果對立的對方有不錯的發言，要毫不猶豫地表明贊成。而且，如果能清楚地表達對方的理由，那麼誰也不會認爲是迎合，連對方也不會討厭。

五、緩衝一下並加以誇獎

對立方面一定會有他自己的人際關係，設法抓住機會與他的好友交談，藉此提出有關他的話題，尤其要提出有關他的優點。直接誇獎本人有時反而會被認爲是有

所企圖，倒不如透過第三者進行誇獎，影響將更強烈。

六、趁對方辛勞時幫忙

在工作場所等，當對立者工作量多而辛苦時，或遇到難題而苦惱時，如果積極地表達幫助的姿態，對方也會接受你的幫助，進而改善彼此關係。

記住，假如你不希望與發生芥蒂的朋友把關係越搞越僵，就不要放過任何機會，善用「潤滑劑」讓你們的友誼順暢運轉。

你若駕馭一匹馬，應當壓得重，夾得緊；你若駕馭一個人，應當少使勁，坐得輕。

——富藍克林

「虛張聲勢」不一定是壞事

在交際場合，有時不宜太直率、太真實、太真誠。應當適度地掩飾自己，必要的時候，還得「虛張聲勢」一番。

一般來說，走時準確是鐘錶賴以生存的基礎。每個人都希望自己的手錶精確無誤，分秒不差。當錶走時不準時，人們還會迫不及待地送去修理或再買新錶。

可是有人卻逆勢操作，故意使自己的鐘錶走錯時間。

這個人是瑞士一家小餐館的老闆，由於生意不好，爲此他頗費了一番腦筋。

有一天，他望著牆上的鐘，頓時心生一計。

人們總是十分珍惜時間，尤其不想在吃飯上花費太多的時間，能不能讓人覺得吃飯不花時間呢？想到這裡，他馬上跑到鐘錶匠那裡，要求製作一個特殊的鐘。

這種鐘外觀上與普通的鐘大致一樣，只是表面上的數位是逆時針排列的，與正常的鐘恰好相反。

他把鐘掛在店中最顯目的地方，人們進進出出，一眼就可以看到這只怪鐘。在這家餐館裡吃完了飯，又抬頭看看鐘，人們會覺得離店比進店的時間還「早」，於是都樂意來這裡進餐。

這家餐館拜「怪鐘」之賜，顧客一天到晚絡繹不絕，生意頓時好轉。

現代社會，人們像上緊了的發條，處於種種的壓力之中，長時間的緊張過後，誰都渴望安閒輕鬆。針對這種現象，那個瑞士老闆便採取了使時間「倒轉」的妙計，竟「唬弄」了不少顧客。

其實，顧客也明知那只是個噱頭，可是緊繃的心理還是不自覺地鬆弛下來。

這一點子所包含的心理技巧眞是高妙之極。

這種「虛張聲勢」之計，確實高人一籌。

一般人對於「虛張聲勢」，都有著「打腫臉充胖子」、「裝腔作勢逞英雄」的負面印象。

但是從正面解釋，它有更深刻的意涵，絕非維持顏面、滿足虛榮那麼膚淺。

在各種社交場合，「虛張聲勢」的現象司空見慣。例如，舞會中，再寒酸的人都會打扮得體面大方；宴會之中，再暴躁再高傲的人，也會力求彬彬有禮；某人平時很節省，但作東請客時，也會擺出非常富有、非常大方的排場；談判中雙方都擺出極有實力、穩操勝券的架勢；若是體育比賽，雙方的啦啦隊更是把「虛張聲勢」表演到了極至……

當然，你也可以這樣：臉色蒼白，身穿有污漬的上衣，以「自然本色」出席社交應酬；在宴席上實話實說，當著主人的面說今天的菜讓人倒胃口；作東請客時，一面殷勤地勸客人喝酒吃菜，一面嘮叨地訴說自己手頭拮据，為請一次客讓大家高興，還得向別人借錢；或者一上談判桌，就把自己的底細全盤托出，以顯示自己的誠意……

以上種種行為，別人或許不懷疑你的眞誠，但是，你可能因為坦白而喪失許多東西，也難以達到自己想要的目的，別人心裡說不定還會嘲笑：「我今天遇到一個蠢傢伙！」

因此，在交際場合，有時不宜太直率、太真實、太真誠。

應該適度地掩飾自己，必要的時候，還得「虛張聲勢」一番。在日常生活中，偶爾採用「虛張聲勢」的策略，將會使你體驗到意想不到的好處。

厚黑智典

讓死人去埋葬和痛哭自己的屍體吧。最先朝氣蓬勃地投入生活的人，他們的命運是令人羨慕的。

——馬克思

「偷龍轉鳳」有何不可？

「偷龍轉鳳」的策略除了在商場運用外，在日常人際關係中亦屢見不鮮。一種方式不行，就換一種方式，只要能達目的而又不違犯法律或有損公德，都可以一試。

美國塞洛克斯公司發明了塞洛克斯九一四型乾式影印機，並且取得了專利。當時，市場上只有濕式影印機，印出的文件是濕漉漉的，需要等一段時間才會乾，用起來麻煩極了。相形之下，乾式影印機則便利得多。

塞洛克斯公司總經理威爾遜決定把乾式影印機當作主力產品推出，起初，他打算把首批貨品按成本價推銷，以便開拓市場。但是，他的律師提醒他這是傾銷行爲，是法律不允許的。威爾遜於是將賣價定爲二四九五萬美元。其實，乾式影印機的製造成本僅二四〇〇美元，他卻定出了相當於成本十倍的高價，這個定價可把副總經理羅梭驚得目瞪口呆。

當時，美國法律禁止高價出售壟斷性商品，可威爾遜卻信心滿滿地認爲高價販售乾式影印機不會觸犯法律，他解釋道：「我們不出售成品，而是出售品質和服務。」不出威爾遜所料，這種新型影印機果然因爲定價過高而被禁止販售。但由於展示期間，塞洛克斯公司已經向世人展現了它獨特的性能，消費者莫不渴望能夠使用這種新型影印機器。

但是，法律既不允許低價傾銷，又不允許高價出售，該怎麼辦呢？威爾遜因而擬定出一個「偷龍轉鳳」的絕招：高價出租。

因爲，法律只是限制高價出售，並沒有限制高價出租。由於乾式影印機是專利產品，僅此一家，所以威爾遜得以順利地採用高價出租的策略。

乾式影印機重新推出時，顧客租用相當踴躍，儘管租金不低，但由於受到先前高定價的潛在意識影響，顧客仍然認爲值得。一九六〇年是威爾遜的黃金時代，乾式影印機瘋狂流行起來，雖然公司拼命生產，仍然供不應求。

由於市場被塞洛克斯公司獨家壟斷，加上已經坐收高額租金，威爾遜決定仍走高價位路線，但是爲避免引起法律上的麻煩造成禁售，威爾遜便把產品與服務互綁在一起出售——即客戶購買了影印機後，塞洛克斯公司派員上門傳授操作影印機知識，並且負責維修保養，客戶也可參加公司舉辦的免費培訓班。

於是，塞洛克斯公司的利潤像潮水一樣滾滾而來。到一九六六年，塞洛克斯公司的營業額由一九六〇年的三三〇〇萬美元，直線上升到五．三億美元，被美國《財富》雜誌評爲十年內發展最快速的公司，從此邁入了巨型企業的行列。

「偷龍轉鳳」的策略除了在商場運用外，在日常人際關係中亦屢見不鮮。俗話說「東方不亮西方亮」，一種方式不行，就換一種方式，只要能達目的而又不違犯法律或有損公德，都可以一試。

厚黑智典

人來到這個世上，不是為了服從老朽的東西，而是要創造新的、有用的東西。

——布朗

要有「死磨爛纏」的精神

我們在處世中，有時必須要有「死磨爛纏」的精神，這是一種謀略，也是一種手段，並且是達到某種目的不可缺少的手段。

今天，日本新力公司的電器產品已是全球著名的品牌，但在七〇年代中期，新力在世界名牌雲集的美國，還是個沒沒無聞的「雜牌貨」。

當時，卯木肇先生剛擔任新力公司駐美國推銷部負責人。比起在亞洲熱銷的情形，新力彩電在美國運氣特別不佳，乏人問津之餘只好降價出售，但是，儘管一再降價，銷售狀況仍無法有所突破。

卯木肇萬般苦惱，冥思苦想許久，一直想不出什麼好計策。

有一天，他路過一個牧場，見一大群牛在一隻「帶頭牛」帶領下，井然有序地走過。卯木肇見景生智，靈感突發，悟出了推銷彩電的辦法：小小牧童能馴服一大群牛，是因爲他牽著一隻「帶頭牛」，新力彩電若能找到一家「帶頭牛」商店率先銷售，不是很快就能打開銷路嗎？

幾經研究，他選定當地最大的電器銷售商馬希利爾公司爲主攻對象。可是，當他第二天興沖沖地求見馬希利爾公司經理時，得到的回答卻是：「經理不在。」

卯木肇知道經理不想見他，於是一連四天前去求見，到了第四天，經理無奈地答應見他一面。

沒想到經理一走出來，劈頭就說：「我們不賣SONY的產品。因爲你們的產品即使降價拍賣，還是像一個瀉了氣的皮球，踢來踢去沒人要。」

爲了事業，卯木肇不得不忍氣吞聲，唯唯諾諾地表示會立即著手改變商品形象。於是，他立即從各個寄賣商店調回新力彩電，取消削價銷售，並重新刊登廣告。

卯木肇先生帶著刊登新廣告的報紙再次去見那位經理，又被他以「SONY」售後服務差擋回。

卯木肇二話不說，回到駐地後，立即設置新力彩電特約維修部，負責產品的售後服務工作，並重新刊登廣告，公佈特約維修部的地址和電話號碼，保證顧客隨叫隨到。

誰知，那經理在第三次見面時，再度以「SONY知名度不夠、不受歡迎」為由而拒絕銷售。

卯木肇並不灰心，回駐地後，命員工每天打幾十次電話給馬希利爾公司，要求購買SONY彩電，搞得經理非常惱火，把他找來訓斥一頓：「你到底在搞什麼鬼？這不是擺明了搗亂嗎？」

卯木肇則乘機大談SONY彩電的各種優點，說SONY彩電是日本國內最暢銷的商品之一。

他誠懇地說：「我三番兩次求見您，一方面是為本公司的利益，但同時也考慮到貴公司的利益。我保證，在日本暢銷的新力彩電，一定會成為貴公司的搖錢樹。」

馬希利爾公司經理聽了這番話後，勉強同意代銷兩台彩電試一試，並規定必須在一週內售出，否則，永遠不要談代銷的事了。

卯木肇滿懷信心，回駐地後立即選派兩名年輕英俊的推銷員，送兩台彩電去馬希利爾公司，並告訴他們：這兩台彩電是百萬美元訂貨的開始，要他們送去後，與馬希利爾公司店員共同銷售。同時，叮囑他們與店員套好關係，休息時輪流請店員到附近咖啡店喝咖啡，如果一週之內這兩台彩電賣不出去，他們就不要再回公司……

這眞是背水一戰了！

不到兩天，兩個推銷員興高采烈地回來報告，兩台彩電已經售出，馬希利爾公司又訂了兩台。至此，新力彩電終於擠進了芝加哥市「帶頭牛」商店馬希利爾公司，開始大獲其利。

那位經理後來對新力彩電刮目相看，親自登門拜訪卯木肇先生，並當即決定SONY彩電爲該公司年度主銷產品，聯袂在芝加哥各大報刊登巨幅廣告，以提高商品知名度。

馬希利爾扮演「帶頭牛」的角色開路，芝加哥地區一百多家商店緊跟在後，紛紛要求經銷新力彩電。不到三年，新力彩電在芝加哥地區的市場佔有率達到三％。

新力公司能夠打進美國市場，成爲國際知名公司，多虧了卯木肇這個公關交際高手。

不論任何行業的高手，都必須具備兩種特質，一是智謀，二是意志。

卯木肇以「領頭羊」帶動整個市場的熱銷，是一項非常高明的策略。這種策略，我們在日常生活中也屢見不鮮。

至於他的「死磨爛纏」，一方面是出於他的堅韌意志，另一方面是他對自己產品深具自信。

我們在處世中，有時必須要有「死磨爛纏」的精神，這是一種謀略，也是一種手段，並且是達到某種目的不可缺少的手段。

你敢去結識一位身居高位的人做朋友嗎？你被客戶攆出門後，是否還有再次登門的勇氣？你被女友拒絕後，有沒有繼續向她求愛的韌性？

如果你無膽無識，不妨學一學卯木肇的精神。

不要坐著徒自傷悲，如果魚兒沒有上你的鉤，再裝上魚餌，繼續努力吧。

——斯坦頓

PART 8

自作聰明，小心惹禍上身

人可以沒有大智慧，
但是絕對不要亂耍小聰明，
否則就會步上楊修的後塵，
為自己招來禍害，死得不明不白。

要讓私心變得名正言順

愚者只顧一己的私心，不管別人的需求和觀感，終究只是井底之蛙的格局，過度膨脹就會把自己的肚皮撐破。

歷史上許多事例都證明了愚者與愚者的差別。愚者只顧自己的私心，最終引起衆人的反感而一敗塗地，但是，智者不僅知道自己的私心，也瞭解別人的私心，懂得爲衆人謀求利益，所以成就傲人功業。

春秋時代，鄭國君主鄭莊公和他的弟弟共叔段都是姜氏的兒子。由於姜氏生鄭莊公時差點難產致死，因此對於鄭莊公相當厭惡，一點也不關愛這個兒子，只疼愛小兒子共叔段，還幾度企圖密謀要讓鄭武公廢掉鄭莊公，改立共叔段爲太子。

爲了共叔段，姜氏千方百計向鄭武公討了京地，讓共叔段成起了「京城太叔」。

大臣祭仲對鄭莊公說：「都城超過了百里，將會是國家的禍害，如今京地超過了它本應有的限度，不合先祖的體制，你將來會無法控制的。」

鄭莊公便說：「你等著瞧吧！那小子多行不義，必會自取滅亡。」

後來，「京城太叔」共叔段，開始在京地周遭劃出屬於自己的地域。

鄭國大夫公子日對鄭莊公說：「假如您打算把鄭國送給共叔段，那我就侍奉他；您如果不甘心讓位於他，那麼請您讓我除掉他！」

鄭莊公淡淡地說：「用不著除掉他，他會自己惹禍上身的。」

只見企圖心日益壯大的共叔段，把原來劃出的地域正式收爲自己所有。

大臣於封便警告鄭莊公：「土地廣大會得民心。」

鄭莊公卻仍然堅持：「共叔段多行不義，不能籠絡民心，會因此而垮台的。」

共叔段繼續修葺城牆，製造武器步車，計劃與姜氏裡應外合，襲擊鄭莊公。

鄭莊公聽到共叔段發動突襲的消息，連說：「太好了！」

於是，命令大隊人馬伐京，而京地的人民也背叛共叔段，紛紛臨陣倒戈，讓共叔段不得不倉皇逃走。

共叔段與姜氏二人目光短淺，只注意自己的小利，因而自取滅亡；鄭莊公則因胸懷大志，等待時機成熟，以正義之師出兵討伐，所以能一舉得勝，獲得人民愛戴。

所謂「人無私心，天誅地滅」，一般人爲了滿足自己的需要，或者是實現自己的理想願望，有時候難免會有私心或做出傷害他人的事。

但是，這樣的私心也有智愚的區別，可說是成敗的關鍵。

愚者只顧一己的私心，不管別人的需求和觀感，終究只是井底之蛙的格局，過度膨脹就會把自己的肚皮撐破。

唯有智者知道必須把自己的私心和衆人的利益結合，讓私心變得名正言順。當衆人的需求得到滿足後，自然自己也會得益，開創出一片全新的遠景。

設法讓別人的鐮刀，心甘情願地割在你的麥穗上，是成功者必須具備的條件之一。

——賀拉斯

自作聰明，小心惹禍上身

人可以沒有大智慧，但是絕對不要亂耍小聰明，否則就會步上楊修的後塵，為自己招來禍害，死得不明不白。

在現實社會中，我們常常可以看到，有些人明明有才有識，但是他們越表現自己，大家就越要孤立他們，有機會的時候，還會設法扯扯後腿，這是因爲他們不懂得應有的處世哲學，只不過自作聰明的大傻瓜。

現代社會，除了金光黨之外，故意裝瘋賣傻的人少了很多，可是自作聰明的人卻仍然處處可見。這些自作聰明的人眞的聰明嗎？恐怕不見得吧！

東漢末年到三國鼎立這段期間，是一個人才輩出，彼此鬥智鬥力、比奸比詐的混亂時代，在亂世之秋，名列建安七子的楊修是曹操陣營裡的主簿，以思維敏捷、才華過人著稱。

有一回，曹操率領大軍在漢中迎戰劉備，雙方在漢水一帶對峙很久時，曹操由於長時間屯兵，已經到了進退兩難的處境。

有一天夜裡，大將夏侯惇入到主帥帳內請示夜間崗哨號令，曹操此時見晚餐中有根雞肋，有感而發，隨口說道：「雞肋！雞肋！」

於是，夏侯惇便把「雞肋」當作號令傳了出去。

行軍主簿楊修聽到後，隨即叫士兵們收拾行裝，準備撤軍事宜，夏侯惇感到奇怪，就把楊修叫到帳內詢問詳情。

楊修解釋道：「雞肋雞肋，棄之可惜，食之無味。如今的局勢是進不能勝，退恐人笑，屯駐在此處又有何益？不久丞相必定會下令班師。」

夏侯惇聽了之後非常佩服，營中各位將士便都打點起行李。

但是，當曹操得知這種情況之後，不禁勃然大怒，最後便以楊修造謠惑眾、擾亂軍心的罪名，把他處斬。

楊修的確猜中了曹操的心思，但是肆無忌憚耍弄小聰明的結果，卻爲自己惹來殺身之禍。試想，在兩軍對陣的非常時刻，曹操怎麼容得下楊修代他發號軍令？

人可以沒有大智慧，但是絕對不要亂耍小聰明，否則就會步上楊修的後塵，爲自己招來禍害，死得不明不白。

當然，這並不是教你當個裝瘋賣傻的小丑，而是強調該聰明的時候要放聰明一點，不應該聰明的時候就要「沈默是金」。

裝瘋賣傻只是愚人的伎倆，或是在危急狀況下不得已而採用的手段，平時何必糟蹋自己去做這種事？

只是，有些事心裡知道就好，千萬不要爲了顯示自己很聰明而說出來。

理性的人會做出對他最適合或最有用的選擇。依照他的知識與能力，依照他既有的喜愛與偏好，做出最好的選擇。

——大衛·赫希萊弗

隨時捉住市場的需求

平時多用心設想各種可能發生的狀況，當變故發生之時才不會手忙腳亂，犯下致命的錯誤而付出慘痛的代價。

很多人習慣把聰明和變通掛在嘴上，但是絲毫不知所謂的聰明，不是智力測驗所得到的成績，而是對事物的感受能力和理解能力；所謂的變通也不是毫無遠見的求新求變，而是看清事物本質所做的各種努力。

在現實社會中，唯有隨時捉緊社會需求，隨時扣緊生活脈動，才能不擔心跌倒，更能在跌倒前緊捉生命的新契機，看見生命更精采的一面。

日本阿托搬家公司的創始人寺田千代的丈夫原來是駕駛卡車的司機，然而中東戰火導致石油危機發生之後，運輸行業開始衰落，他也面臨了失業的命運。

有一天，寺田千代偶然在報紙上看到，有些家庭每年都要爲搬家而支出大筆費用，這則消息給了她全新的靈感，鼓勵丈夫自行創業。

寺田千代和丈夫計劃成立了搬家公司之後，爲了讓業務增加，首先想到了如何運用電話簿的功用。

因爲，一般人想要尋找搬家，都會從電話號碼簿上查找搬家公司的電話號碼，而她也發現，日本的電話簿是按行業分類，同一行業再按日語字母排序。

因此，寺田千代巧妙地把自己的新公司命名爲「阿托搬家中心」，這使得它在同行業的電話簿排列中排行首位，在顧客選擇搬家公司時佔有更高機率，接著她又選了一個既醒目又好記的電話號碼。

公司正式開張後，她開始爲搬家技術進行了一系列的革新。

在大多是高樓公寓的日本，她設計了搬家專用的箱子和吊車，同時向顧客提供與搬家有關的服務配套，包括代辦清掃消毒、申請換裝電話、子女轉學及解決廢棄物等三百多項瑣碎事務。

此外，寺田千代還打破了「行李未到，家人先到」的搬家常規，將既無奈和煩人的搬家，變成了終生難忘的旅行。

她向歐洲最大的車廠巴爾國際公司，訂做了一台命名為「廿一世紀之夢」的搬家專用車。這種車前半部分成上下兩層，下層是駕駛室和置物空間，上層是可以容納六個人的豪華客廳，裡面有舒適的沙發，嬰兒專用的搖籃，還裝有電視機、組合音響、電冰箱、電視遊戲器……等設施。

當這個新型搬家車在電視廣告中一曝光後，預約搬家的客戶立刻蜂擁而至，使得客源方面無後顧之憂。

阿托搬家公司自一九七七年六月創辦以來，營業額年年增長，現在年營業額已達上百億日元，發展至今，分公司已遍及全國近四十個城市，甚至有美國和東南亞地區的企業前來購買它的搬家技術專利。

寺田千代後來也被評為全日本最活躍的女企業家之一。

這個例子說明了，不管從事什麼行業，都難免面臨景氣的榮枯循環，在景氣好的時候要設法力爭上游、精益求精，在景氣陷入低迷的時候則必須懂得變通，才會遇上峰迴路轉的契機。

所以，經營者應該不斷就市場需求和消費習慣的變化，調整產品結構和經營戰略，並不斷地適應市場需要，才能使自己立於不敗之地。

走在人生的旅途上，應對進退的道理也是相同的，平時就必須多用心設想各種可能發生的狀況，如此一來，當變故發生之時才不會手忙腳亂，犯下致命的錯誤而付出慘痛的代價。

我們追求的目標是，不只要比競爭者做得更好，還要把品質提升到煥然一新的境界，改變競爭情勢。

——傑克·威爾許

在不可能的地方挖出寶藏

只要你有先見之明和過人的膽量，詳細分析利害關係後，使用正確的方法，即使是荒涼的沙漠，也會有繁花盛開的榮景。

精明的商人在販售商品之前，首先要做的事情是先改變消費者的想法，然後在不可能的地方發掘出自己想要的寶藏。因爲一旦改變了消費者的想法，他們對商品的需求也會從此產生。

過去，美國的泰麥克斯手錶遠近馳名，在市場上幾乎每出售三只手錶，其中就有一只是泰麥克斯品牌手錶。

當許多人都以爲非洲市場人民貧困、購買力低下而不願涉足的時候，泰麥克斯的推銷員卻獨具慧眼，決心在那裡開闢手錶領地。

爲了開疆拓土，首先，泰麥克斯製造一種價格低廉的手錶，運用了一招堪稱出奇制勝的推銷方式。

所謂的「出奇制勝」，是指「拷打試驗」，根據當時的媒體報導：「泰麥克斯的推銷方式，簡直就像馬戲團吸引觀衆一樣。」

泰麥克斯派出的推銷員在造訪零售店之時，經常把錶猛地摔在牆上，或把它浸入水中，證明防震及防水性能，此外，泰麥克斯手錶也因廣告片的「拷打試驗」，在國外享有盛名。

廣告中，泰麥克斯把手錶拴在飛奔的馬尾上，從一百三十五英呎的高處投入水中，或把它綁在衝浪板上，或是水陸兩棲飛機的後面，經過種種折磨之後，人們可以看到，指針仍然繼續走動。

這種獨特的廣告宣傳和促銷方式，走到哪裡都大獲成功，公司就在這樣獨特的宣傳攻勢下攻佔非洲市場，到了一九六二年的十二月，泰麥克斯公司終於在非洲市場，賣出了第一只一萬美元的手錶。

以目前高度競爭的商業發展社會來看，想要創造消費者新的需求，就如同要挖掘金礦一樣，必須選擇新的市場或新的經營方式，才能讓企業異軍突起，並且持續保持領先的地位。

別人不願涉足的事業和有過失敗經驗的市場，並不見得就不能創造奇蹟，只要你有先見之明和過人的膽量，詳細分析利害關係後，使用正確的方法，即使是荒涼的沙漠，也會有繁花盛開的榮景。

比競爭者更優秀的經營知識與技術，這種優勢是不長久的。但是，有比競爭者更優秀的認識、信念與態度，卻可保有長長久久的競爭力。

——威廉·道菲奈

別輕忽生活中的每一個細節

只要你能多用一份心在生活中的每個地方，你就不會錯過或遺忘生活裡任何與你相關的人事物，做起事來，相對也會事半功倍。

很多人都會抱怨自己人際關係不好，或是不懂得做事的要領，以致做起事來曠日廢時，還頻頻遭到別人批評。

其實，這都是不用心所造成的結果。

威廉·麥金利是美國第二十四位總統，在待人處事方面，很有一套辦法。

比如說，麥金利的握手動作，就非常令人印象深刻，爲了避免右手在接見賓客和民衆時過度受到勞損，他發明了一種後來被稱作「麥金利式」的握手法。

當他走在迎賓隊伍前，會微笑並緊握對方的手，沒等對方用力握住他的手，他便熱情地緊緊一捏，然後用右手將這個人的手肘迅速地往前拉，在這同時，他也已經扮好對下一個來賓的微笑。

如此一來，他一次便與兩個人同時都打了招呼。

此外，麥金利的記憶力之好，更是廣爲人知，許多民衆對他評價甚高。

有一回，他在安提坦戰場，等著爲紀念碑舉行揭幕儀式時，忽然對著台下一位身穿藍衣服的老兵喊：「喂，好伙伴，上個月我在匹茲堡演講時看到你也在人群中，那確定是你沒錯吧？」

這位老兵完全沒想到，麥金利總統竟然會和他這個平凡的老兵打招呼，而且只是在衆人集會時看過一眼便記住了自己的長相。只見這位老兵又驚又喜，高興地回答：「是的，您還認得我啊！」

這就是麥金利總統成功的地方，也許好的記憶力不是人人都能具備，但是，只要能用心地待人接物，就會爲自己的誠懇加分。

只要你能多用一份心在生活中的每個地方，你就不會錯過或遺忘生活裡任何與你相關的人事物，做起事來，相對也會事半功倍。

所以，別輕忽生活中的每一個大小細節，因爲，細節就是邁向成功的階梯，你必須通過每個細節才能步步高昇。

厚黑智典

如果擔心與害怕的情緒一直籠罩著你的舊腦袋，那麼你就會總是把事情往壞處猜，而不往好處想。

——史賓塞．強森

不要為了虛名而忘了自己的目的

「外寬」是為了把自己的事業做得更好，而不是為了虛有的稱譽，如果為了虛名而忘了目的，只會讓自己看不清真相，迷昏了頭腦。

身為一個領導者，在建立組織架構時，除了要能識人，懂得選拔合適的人才外，還要考慮如何用人，讓合適的人才發揮最大的能力。

領導者用人策略最好是要「外寬內合，用人以信」，對外親近寬容，對內則是強調組織的團結合作。

舉例而言，在三國尚未鼎足而立的後漢戰亂時代，袁紹曾經獨霸一方，軍事實力相當雄厚，最後造成失敗的原因採用「外寬內忌」的領導模式。

「外寬」的確能結合外在的力量，爭取更多的資源，不過對於自己部屬，他又

過於嚴厲的猜忌與蔑視，終於使他民心大失。

袁紹當時是河北的大軍閥，割據一方，憑藉強大的軍事實力，在討伐董卓之時便躍居聯軍首領，因為他有招才容賢的名聲，手下人才濟濟，其中有一位便是頗有學識的知名謀士田豐。

當劉備兵敗時，袁紹以「不失大義」之名將他收入旗下，當劉備另有所圖而以個人利益出發，提出意見勸袁紹討伐曹操時，袁紹也不假思索地點頭同意，然而就在此時，卻面臨田豐的挺身反對。

田豐認為：「曹操的軍隊士氣方銳，未可輕敵，否則，恐怕出師不利。」

袁紹聽到這番勸諫，不但沒有冷靜思考大局，衡量敵我實力，反而認為田豐懷疑自己的決定，在出兵之際還用這種助長敵人威風的話渙散軍心，一時勃然大怒，立即傳令要將田豐處斬。

所幸，在諸位大臣一再求情之下，袁紹才改而將他囚禁獄中。

後來，袁紹果然在官渡戰役大敗，回營之後將怒氣轉移到田豐身上，怪他出言不遜，出兵之前觸自己楣頭，於是賜他死罪。

袁紹收容猶如喪家之犬的劉備，對他言聽計從，外人看來雖然是雍容大度，但只是虛榮心作祟，想博得美名罷了。錯把「外寬」當成目的，而不是手段的運用，對部屬提出的建議不加以思索便斷然否決，終於使他伐曹大敗，從此離心離德。

「外寬」是爲了「內和」，爲了把自己的事業做得更好，而不是爲了虛有的稱譽，如果爲了虛名而忘了目的，只會讓自己看不清眞相，迷昏了頭腦；「內忌」則會使自己漸漸地失去人心，造成忠誠的部屬漸漸遠離自己。

再完善的組織也經不起這樣的挫折，就像袁紹把田豐等忠心部屬的勇於進諫當成別有用心，終於導致自己的滅亡。

領導者最高明的統御辦法就是：帶領部屬去完成一個永遠都不可能實現的夢想。

——巴爾札克

用人不疑的領導態度

領導者在寬厚待人的同時，只要能用人不疑，給部屬充分的信任，自然能創造良好的工作條件，讓人才充分地發揮自己的聰明才幹。

要想成爲一個傑出的領導者，就必須嚴格地要求自己，做到寬厚待人、善於合作，增強團隊的凝聚力。

韓、趙、魏三家分晉之後，中國歷史進入戰國時期，各國之間的戰爭更加頻仍，連年不斷。有一年，魏國國君魏文侯決定派大臣樂羊率軍攻打中山國，問題是，樂羊的兒子樂舒當時正在中山國擔任重臣。

這個問題立即引起朝中大臣爭議，他們認爲，樂羊雖然善於佈兵打仗，但是這回卻是父子對立，樂羊恐怕不會全心全意爲國效忠。

儘管朝中爭議頗多，魏文侯卻沒有改變主意，依然派樂羊帶兵出征。

樂羊抵達中山國後，決定用圍而不攻的戰略，消耗中山國的糧食和水源，因而一連好幾個月按兵不動，也不曾發動一兵一卒，朝中持反對意見的大臣見狀，紛紛上書魏文侯，要求撤換樂羊的職務。

然而，魏文侯只是一笑置之，當朝中罷免的聲浪高張時，魏文侯反而派遣專使帶著酒食、錢糧去慰問樂羊，並且犒賞軍隊，甚至當流言如火如荼之際，魏文侯竟然還賞賜了樂羊一所漂亮的別墅。

最後，樂羊終於按照原訂計劃攻克了中山國，凱旋歸國。

魏文侯當然非常高興，特意爲樂羊舉行了一場盛大的慶功宴，那些非議過樂羊的大臣們，個個都自覺慚愧，頻頻稱讚魏文侯的用人不疑。

宴會結束，魏文侯賞給樂羊一個密封的木箱，樂羊回到家後打開一看，發現裡頭不是金銀珠寶，而是滿滿一箱大臣們彈劾他的奏章。

樂羊這時才明白，如果不是魏文侯對他的信任，不要說攻打中山國的任務不能完成，恐怕連自己的性命也難保。

魏文侯是戰國初期的英明君主，流傳著許多諸如此類的故事，「用人不疑」的領導原則，使他能夠在大混戰的時代，率領魏國登上歷史舞台。

在樂羊伐中山國這個典故中，魏文侯的表現說明了身爲一個領導者，必須要寬容大度，虛心採納部屬的意見，即使他的想法與自己不相符合，也應該仔細考慮，找到合理的解決辦法。此外，當部屬犯錯時，或執行的任務不順暢之時，也千萬不要落井下石，應該眞心誠意地幫助他，找出錯誤的原因，進行修正。

領導者在寬厚待人的同時，只要能用人不疑，給部屬充分的信任，自然能創造良好的工作條件，讓人才充分地發揮自己的聰明才幹。

證據顯示，當人類面對不確定性時，所有的決定和選擇，都只是在重複非理性、不一致性及無能而已。

——柏恩斯坦

領導者要有放手一搏的氣魄

身為一個領導者，應該讓部屬有良好的環境得以發揮才能，萬一遇到困境時，更應該「用人不疑」，堅持自己的判斷。

春秋五霸之一的秦穆公，曾留下一段用人不疑的歷史佳話。

秦穆公登上歷史舞台之時，正値秦晉爭霸的關鍵時刻，晉國國君驟然病逝，秦穆公想要藉這個機會強行越過晉國，消滅晉國的鄰國鄭國。

於是，秦穆公派孟明視、西乞術、白乙雨三位大將率軍出征，不料這個消息卻被晉軍截獲，於是晉軍趁機狙擊，反而讓秦軍全軍覆沒，三位大將們成為戰俘。

晉國為了趁機羞辱秦國，並沒有殺這三位大將，而是故意將他們放回秦國，請秦穆公自行處理。

秦國舉朝上下皆為此事感到羞憤不已，三位主將也恨不得以死謝罪，但秦穆公卻身穿縞素，親自到郊外去迎接他們，並為戰死的將士痛哭流涕，之後又向全國發佈了引咎自責的《秦誓》。

他說：「孟明視等人都是傑出的將領，因為寡人做了錯誤的判斷，才導致如此巨大的慘敗，但勝敗乃兵家常事，我想將軍們一定會振作起來，為國雪恥。」

這個動作果然奏效，孟明視等三位將領從此勤奮練兵，耐心地等待復仇的時機到來，好一雪恥辱。

誰知道，一年之後，孟明視等率領軍隊討伐晉國，卻依然慘敗，這種情況下，大臣們都認為，不能再繼續任用這三個酒囊飯袋了。

然而，秦穆公卻不顧眾人反對，仍然讓他們位列將相，並幫助他們整頓軍政，這也讓孟明視等將領更加忠誠，誓言一定要報答秦穆公的知遇之恩，實現《秦誓》所言，為國雪恥。

歷經三年的厲兵秣馬，孟明視三人再度率軍伐晉，這一戰秦軍勢如破竹，晉軍大敗潰逃，終於一雪國恥。

從秦穆公這個例子中，我們可以得知，身爲一個領導者，除了應該有寬廣的胸懷，還要有高瞻遠矚的用人眼光，讓部屬有良好的環境得以發揮才能，萬一遇到困境時，更應該有「用人不疑」的氣度，堅持自己的判斷，與部屬同甘共苦。

這樣一來，才能讓部屬產生「士爲知己者死」的情緒，激發出必勝的決心和潛力，使工作得以順利推展。

真正成功的人，就是能藉助別人失敗的經驗，來讓自己學會更聰明地獲得成功。

——蘇格拉底

拋棄成見才能看見成功

如果懷著既定的成見去瞭解他人的想法，有時能很快得到雙方的共識，但也有可能因為無法理解而將對方斥為異端。

不管是東方的藥物或西方的藥物，都有一個相當有趣的現象，那就是所謂的毒藥與解藥，通常只有一線之隔。再好的藥物吃多了，也會變成致命的毒藥，相同的，再如何含有劇毒的藥物，也有一定程度的正面功能。

例如，砒霜含有劇毒，但適當地使用卻也能夠救人；人參可以滋補身體，但是吃得太多卻也會讓人一命嗚呼。

這種現象運用在做人做事上，可以使我們理解，善與惡總是相對的，而不是絕對的，一切必須視情況而定，如果懷著既定的成見去瞭解他人的想法，有時能很快得到雙方的共識，但是，也有可能因爲無法理解而將對方斥爲異端。

當年姜氏欲立共叔段爲鄭國君主，共叔段最後卻被鄭莊公打敗，倉皇避難別國時，鄭莊公對他的母親姜氏懷恨在心，一氣之下便把她放逐到穎城，並且發誓：「不及黃泉，絕不相見！」

管理疆界的鄭國大夫穎考叔聽說這件事後，爲了弭平兩人之間的恩怨，便前去謁見鄭莊公。鄭莊公見穎考叔前來，熱絡地邀請他一起飲宴。

穎考叔吃飯的時候，把肉放在一邊，鄭莊公好奇地問他：「這是什麼緣故？」

穎考叔說：「微臣有位老母，我嚐過的食物她都吃過了，唯獨不曾吃過您賞賜的美食，請讓我把這些鮮美的肉留給她吧！」

鄭莊公聽了感嘆道：「你能留下食物給母親，我卻沒有辦法呀！」

穎考叔問：「這怎麼說呢？」

鄭莊公說明了緣故，穎考叔聽完後，便笑著說：「主公您不必爲此擔憂啊！在地下打通隧道，您不就可以在黃泉之下見著自己的母親了嗎？」

鄭莊公一聽，立即依照穎考叔所說的去做。

共叔段兵敗流亡他國之後，使得鄭莊公的憎恨情緒得以紓解，潁考叔的舉動，更讓鄭莊公有了省悟，大發「爾有母遺，惟我獨無」的感慨。

這說明了，不管彼此之間有什麼深仇大恨，只要事過境遷就能盡釋前嫌。以共叔段與姜氏先前對鄭莊公的威脅狀態而言，他是很難原諒自己的兄弟和母親的篡位意圖，不然也不會說出與母親「不及黃泉，絕不相見」的話。但是，隨著世事流轉，他心中的仇恨也在權位鞏固之後煙雲散。

鄭莊公隨著時境的變化而改變自己的成見，圓融處世的態度，不僅讓他與母親的關係和好如初，也讓他獲得了美名。

厚黑智典

你去爭辯問題、抗拒問題，可能會耗更多時間與精力，倒不如採取積極態度去解決問題。一旦把問題解決，你會很興奮滿足。

——李奧·貝納

領導者要有自我反省能力

自我反省後的結論，必須徹底落實，才能發揮鞭策自己的力量，否則，不斷反省又不斷犯錯，只是流於形式，讓人覺得太虛偽、太肉麻了。

部屬的面子比領導者更爲重要，所以，對待部屬應當採取寬容的態度，允許他們勇於嘗試，並在他們出現失誤之後，設法保全他們的面子，重建他們的自信，這些是身爲領導的人應當具備的寬容胸襟。

漢武帝建立太平盛世之後，有一段時間沉迷於聲色犬馬，弄得國衰民貧，朝政荒廢無度。曾經大威遠播，後來卻落得如此蕭條衰敗、風雨飄搖的西漢王朝，幸虧漢武帝劉徹及時省悟而得以扭轉。

他幾經深刻反省後，說：「自我即位以來，行事狂悖，愁苦了百姓，悔猶不及，

今後凡傷害百姓、浪費資財的舉動，一律禁絕。」

接著，漢武帝又發佈「罷輪台屯田罪己詔」，自我批責說：「輪台在京師以西一千多里，要到那麼遠的地方去屯田，必然又要擾民，使得人民不能好好地休養生息，我不忍心這麼做。」

他宣佈，今後不再對外用兵，提出要「禁苛暴，止擅賦，務本勸勞」，要「思富養民，與民休息」。漢武帝年少時雄才大略，文治武功鼎盛，晚年又能以極大的勇氣悔過罪己，痛改前非，的確是難能可貴的君主。

不過，也有統治者的罪己並不是出自眞心，所提出的改革措施也沒人敢去督察是否存在缺失，據說明朝的崇禎皇帝便是如此。

崇禎皇帝據傳是個很會自我批評的人，也習慣於寫所謂的「罪己詔」，並將之公佈於衆，而且一次比一次「深刻」。

然而，關於種種過失，他只是說說而已，根本沒有認眞想過要如何改進。

所以，當李自成大軍逼近京城之際，他再次寫下了最後一道對自己嚴辭切責的詔書之後，便懷揣著它爬上煤山，自縊而亡。兩天以後，人們在其衣袖內發現詔文，上面寫著：「因失江山，無面目見祖宗，不敢終於正寢。」

相較於崇禎走上亡國之路，漢武帝的及時省悟才是我們學習的典範吧！

從古自今，人們把皇帝的顏面叫作「龍顏」，現在也有人認爲領導者的面子比普通職員的面子更重要，這種封建時代的想法無疑是錯誤的。

領導者應該能夠以身作則，嚴以律己，才能發揮上行下效的效果，產生團體的凝聚力，偶爾檢討自己的錯誤，下一道對自己痛加切責的「詔書」，頗能有效地獲得員工的諒解與支持。

但是，這些自我反省後的結論，必須徹底落實，才能發揮鞭策自己的力量，否則，不斷反省又不斷犯錯，只是流於形式，讓人覺得太虛僞、太肉麻了。

如果你為失敗經驗所付出的代價，不能使你換得成功和更高的報酬，那麼，你就徹底失敗了。

——格蘭森

PART 9

以柔克剛，才不會兩敗俱傷

以剛克剛，容易落得兩敗俱傷，面對剛烈之人，更應以己之長克其之短，而不是硬碰硬，推向玉石俱焚的危險態勢。

適時把權力分配給下屬

如果你能多給屬下們一些足夠的空間，讓他們充分地展示自己才華和能力，他們反而會更加地尊敬你，更加佩服你的領導氣魄與涵養。

成功的領導者，應該具備以下三項能力：「第一是對大局的判斷和掌握，第二是調整團體的能力，第三是讓部下各盡所能，充分調動、發揮其積極性。」

領導者之所以要把一些瑣屑小事交給其他人去做，是因爲身爲領導人，最需要的工作是制定整體發展的計劃。

然而，有些領導者卻總是以「工作繁忙」自傲，這在有識者來看，這樣的領導方式，不僅沒有駕馭屬下的才識和能力，也往往是失敗的主因。

英國大出版家諾茲可里夫，生平的事業極多，但是他卻能從容不迫地讓每個事

業都蒸蒸日上，而且應付自如，許多朋友對於他這樣的能力都讚嘆不已。

不過，他卻淡淡地說：「我只是擔任指揮工作，一切機械式的工作都交給那些能勝任的人，我深知要成就事業，最重要的是時時創新的計劃，指揮得法與堅持不懈，至於那些助手能夠處理妥當的工作，我就盡可不親自動手。」

據《清史》記載，康熙年間爆發「三藩之亂」時，據守台灣的鄭經趁機渡過台灣海峽，佔領了泉州、漳州、溫州等地。

這個消息很快地傳到了京城，傳到當時正領著諸位皇子在暢春園練習射箭的康熙皇帝的耳裡。不過，當時康熙皇卻無動於衷，雖然戰況接踵傳來，連台州也失陷了，皇子和大臣們個個都急如熱鍋上的螞蟻，然而康熙皇帝一心只專注於射箭，並不願多說什麼，直到回宮後，他才開口說話。

康熙對大臣們說：「福建離京城數千里，路途遙遠，消息傳報費時，雖然急著傳令，但是我們也不見得能掌握最新的情況。儘管反叛的不僅僅是兵力強大的三藩，同時還有盤踞台灣的鄭經，不過，當地的官員也一定盡全力抵抗。即使他們等不到我的指令，也會明白自己的職責所在，當他們開始全力出擊時，我們再派兵前去支援，效果自然加倍。」

單從這樣統御臣下的領導方式，我們就可以看出康熙高明的治政與謀術。

在現代社會中，領導者必須學會信任，懂得適時將權力分給下屬，才能有效地應付繁雜的工作事務。

不要以爲你把自己的權力分給了下屬，下屬就會認爲你的才能低下，對你採取陽奉陰違的態度，相反的，如果你能多給屬下們一些足夠的空間，讓他們充分地展示自己才華和能力，他們反而會更加地尊敬你，更加佩服你的領導氣魄與涵養，也更加無私地爲你拼命工作。

最艱難的競爭往往不是來自睿智、謹慎的競爭對手，而是來自不顧成本的經營者，這樣的人最後不是躲債落跑，就是宣告破產。

——約翰．洛克斐勒

收放自如的領導藝術

領導的藝術有如放風箏，看上去是讓風箏自由自在地遨翔，但實際上，風箏的一切全掌握在你手中牽動的那條細細的絲線上。

美國前總統吉米．卡特，曾意識到自己肩負的責任重大，事事都想親自處理，卻又深感力不從心，經常被國內外要事弄得暈頭轉向，部屬抱怨卡特不肯充分授權，卡特本人也苦不堪言。

多數人民看見政府機器無法順暢運作的情況，便認爲這是領導者無能的表現，於是用選票把吉米．卡特攆了下台。

當卡特準確無誤地意識到國家面臨的困難，其實我們可說他洞察力敏銳，然而，他卻沒有充足授權部屬分工合作的勇氣，與面對難題的自信，使得人民跟著他一起惶恐不安，爲自己埋下了失敗的因果。

另一位演員出身的美國總統雷根，則是把政治當成表演事業而獲得成功。雖然他每次即興演說時，總是會把自己的無知曝露在複雜的議題上，然而，每當他對涉及的問題一無所知時，卻能依照白宮幕僚的教導，果斷地處理，並展現幹練的一面。

這不僅讓美國人民相信他是個優秀的領導者，更因爲他的自信態度，讓人民也產生無限的信心。

因此，以風趣幽默、機智果斷著稱的羅納德．雷根，不僅獲得了人民的信任，更成爲美國近代史上最受歡迎的總統之一。

從卡特和雷根這兩位美國總統的比較中，我們看見了領導者在權力方面「收放」藝術的重要性。

卡特因爲將擔憂放得太過，表現出冷靜不足的情況，以致於無法獲得人民的支持；而貌似糊塗的雷根，卻因爲展現充分的自信，深受人民的信任，兩個人不同的領導風格，讓他們有了不同的結果。

其實，領導的藝術有如放風箏，必須收放自如，看上去是讓風箏自由自在地飛在天空，自由遨翔，實際上，風箏的一切全掌握在你手中。不必擔心它會不受控制，無論它飛多高多遠，終究被那根細細的絲線操控著。

我絕不會去嘗試跳過七英呎高的欄杆，我通常會找尋旁邊是否有一英呎高的欄杆，然後跨越過去。

——華倫·巴菲特

以柔克剛，才不會兩敗俱傷

以剛克剛，容易落得兩敗俱傷，面對剛烈之人，更應以己之長克其之短，而不是硬碰硬，推向玉石俱焚的危險態勢。

在社交或談判場合中，不需要太多刻意的言行表現，有時候氣定神閒、默默無言，反而會使對方摸不著頭緒，認爲你高深莫測而不敢造次，老子所說的「大辯不言」，正是這個道理。

畢竟，以剛克剛，容易兩敗俱傷；以柔克剛，才是眞正的技高一籌。

三國時，諸葛亮最爲後人稱道的謀略，正是空城計。

當時，城中只有數百名老弱殘兵，諸葛亮只好施展心理戰術，將城門敞開，然後帶兩名童子在城頭撫琴，司馬懿率領了十萬衆兵殺至城下，猛然看見諸葛亮神情自然，談笑風生。

如此怡然自得的模樣，令生性多疑的司馬懿心中不安，狐疑多時，最後選擇退避三舍，不敢貿貿然進攻。

就這樣，諸葛亮不費一兵一卒，以計謀嚇退了司馬懿的十萬大軍，等到司馬懿察覺上當，已經失去最佳的攻城時機，諸葛亮的援兵業已馳回。如果，當時諸葛亮選擇了硬碰硬，勢必會城破人亡，性命難保。

凡事冷靜處理，只要面對問題時，表現得愈自在愈不在乎，反而容易給人老謀深算的神秘感，讓人心生畏懼！

利用人共同的多疑猜忌的特性，來擾亂他人的判斷力，最能達到預期目標，因為表面上，我們看似沒有積極地採取行動，實際上卻使得對方在心理層面具有了一定的約束力。

所謂「四兩撥千斤」，便是一種以柔克剛的原理。

剛烈之人容易被柔和之人征服、利用，就像一塊巨石，如果落在一堆棉花上，便會被棉花輕輕鬆鬆地包覆在裡面，所以領導者應當更善於以柔克剛。

在剛強與柔軟之間，多數人仍然是吃軟不吃硬的。

以剛克剛，容易落得兩敗俱傷；以柔克剛，則較容易馬到成功。因此，面對剛烈之人，更應以己之長克其之短，而不是硬碰硬，造成雙方同時失去理智，推向玉石俱焚的危險態勢。

對於有幸進入充滿競爭力公司的人來說，那競爭慘烈的時期卻是最興奮、最值得、最滿足的時光。

——威廉．道菲奈

想成大器，就不要用情緒處理問題

想成大器，切莫用情緒來處理小事或紛爭，要忍人所不能忍，輕鬆地處理一些繁瑣小事，讓重要的大事能早一步得見成功！

所謂「小不忍則亂大謀」，面對不在人生計劃中的屈辱、挫折、失敗，如果不能克制住一時的衝動，很容易會讓自己做出後悔的事。

因爲無法克制情緒，而讓突如其來的小事打亂自己的人生節奏，使得整個佈局大亂，無疑是件不智的舉動。

中國名將韓信是位家喻戶曉的人物，能讓他稱雄一時的原因，其實在他還未成名之前，便可窺見一二。

性情謙和柔順，且能屈能伸的韓信，某天正在街上行走，忽然，眼前出現了三四個地痞流氓，一副趾高氣揚的模樣，還用斜睨的眼神看著視韓信。

韓信先是一驚，隨即拱手道：「各位兄台，不知有什麼指教嗎？」

其中一位撇著嘴，大笑幾聲後說道：「我們哥兒們是有點事要找你，只是不知道你辦不辦得到？」

韓信平靜地說：「蒙各位抬愛，不知道是什麼事呢？」

看見韓信如此恭敬，那些人全部大笑起來，帶頭的那人說：「什麼抬不抬愛？不爲什麼，我們聽說你成天背著寶劍在街上閒晃，今天我們特地來見識見識，看你到底有多大的能耐？」

韓信一聽，心想：「看來是故意要爲難我的囉！」

他陪著笑說：「各位，我想是有人信口誤傳，我哪裡有什麼能耐，又怎能與你們幾位英雄相提並論呢？」

那群人輕蔑地望著韓信，聽他如此謙卑，竟然更不讓他離開。

突然，帶頭的人將劍了抽出來，往韓信的面前一扔說：「看你還算老實，今天我們不動手，你要是有膽識的話，就用這把劍來砍我的腦袋，要不然嘛……你就乖

乖地從我的胯下鑽過去，哈哈哈……」

韓信望望地上的劍，又看了看前面仰頭而立的地痞頭頭，輕輕地皺了皺眉，而在旁邊圍觀的人這時也開始議論紛紛，還鼓譟喊叫著：「韓信，快用那把劍宰了這個狂妄的傢伙。」

然而，韓信卻咬了咬牙，緩緩彎身下去，接著便出乎衆人意料之外，從那人的胯下爬了過去。

衆人看見這個景象，無不驚愕，連那群流氓也吃驚不已，而韓信爬完後，便立即起身，拍一拍身上的塵土，便頭也不回地離開了。

俗語說得好，大丈夫能屈能伸。

試想當時，如果韓信當時火冒三丈，趁著怒氣殺死了那個流氓，接下來必定會有一場惡戰，勝負難以預料。

就算韓信能夠全身而退，恐怕也難逃殺人罪名，勢必得面對官府的緝捕！

在鬥毆這種小事上獲得勝利，只會替韓信惹來其他對立或仇恨的災禍，這種表面上的勝利又有什麼意義？

美國劇作家麗蓮．海爾曼曾說：「人只要有一種信念，那麼，他在追求的過程中，不管什麼艱苦都能忍受，不管什麼環境都能適應。」

所以，一個人若想成大器，切莫用情緒來處理小事或一些無謂的紛爭，要忍人所不能忍，要是能以忍讓代替對抗，便能輕鬆地處理一些繁瑣小事，讓重要的大事早一步得見成功！

美國人想知道什麼，就會打電話去問，而歐洲人會寫一張便條。美國的主管想要傳達的是：競爭非常嚴峻。

——凱．林歐斯特

限制越多，部屬越不靈活

領導者規定的事項越多，插手的事務越多，部屬為了生存，在這麼多限制裡，便學會了機謀，學會了算盡機關和陽奉陰違。

老子的「無爲而治」是一門高深的政治哲學，自古以來，一直被第一流的領導者奉爲做人做事的圭臬。

縱觀中國歷史，不少出色的政治家都喜歡以「無爲而治」來整治國家，以無爲而爲，由無爲達到有爲。

面對一片原始森林，如果我們不去理睬，它自己就能欣欣向榮，但是，經過人們插手之後，往往是草盛木稀，遭到滅頂之災，老子所提倡的「無爲」領導之道，便是要建立這種「順應自然」的思想觀念。

任何事物都有自然的規律，與其用強迫手段改變規律，不如利用原有的規律，將它轉化成為我們能夠利用的資源。就像水遇熱變成蒸汽，這是無法改變的，然而我們卻可以利用這個規律生產暖氣，做人做事的道理也是相同的。

老子的「無為」，分為以下三個方面來理解：

首先，應儘量少下命令。

如果，管理者只讓其他人依令行事，勢必會打消他們的積極性、主動性和創造性，也必然會激起他們的反抗心理。所以，最好的方法是只指出大方向，爾後便交由別人靈活處理。

其次是，對於部屬或其他人，應當儘量避免干涉或介入。

因為，每個人的工作習慣不同，領導者不應該過度地干預其他人，更沒必要在一旁比手畫腳，如此，非但幫不上忙，萬一沒有處理好，恐怕會幫了倒忙。

重要的是結果，而不是過程。只要能達到期望的結果，不是非得依領導者的方法才可以，因此領導者更應該保持正確的態度，給部屬們一個獨立而自主的空間，反而更能加快事業的成功腳步。

最後一點是，不要用過多的政策加重部屬的負擔。

聰明的領導者並非什麼事都撒手不管，而是要能細心地留意部屬們的心理狀態和情緒動向，掌握整體團隊的方向和發展遠景，並在遇到困難時，能在職員面前鎮定自若，增加員工們的信心。

政策上忌諱的事情越多，或過度地限制部屬能力的發展，不僅會使部屬越來越怠惰、缺乏效率，還會讓整個組織或團隊越來越混亂。

領導者規定的事項越多，插手的事務越多，部屬爲了生存，在這麼多限制裡，便學會了機謀，學會了算盡機關和陽奉陰違。只有讓部屬自動自發地散發自己的能量，充分發揮創造力和想像力，才能開創出更寬闊的遠景。

現在的年輕人似乎都沒有什麼遠大的理想。我最希望他們說的是：「我的目標就是把你幹掉，成為公司的董事長。」

——本田宗一郎

靜待時機成熟，就能看見成果

柔性的等待是領導者推動新政應當保持的態度，而不是以責罰來逼迫人們的配合，那樣只會引來反效果，或是更大的阻礙。

以柔克剛的處理方式，是面對惡劣局勢的重要方法，只要保持心性的柔軟，讓自己充滿彈性，便可以冷靜地等待時機的到來。

春秋末期，鄭國宰相子產在治理國家上，便採用以柔克剛的方法，振興鄭國國力，使鄭國得以在戰亂的局勢中安於一隅。

當時，鄭國是一個小國，國力甚爲薄弱，子產清楚地知道，要在大國林立之中求得生存的空間，增強國家的實力便刻不容緩。

於是，子產提倡振興農業厚植國力，同時徵收新稅，以確保軍費供應的充足。

然而，一開始徵收新稅時，民怨四起，甚至有人揚言要殺死子產，朝中也有不少朝臣站了出來，齊聲表示反對。

對於這些激越的反對聲浪，子產卻一點也不理會，並沒有做過多的解釋，只耐心地等待事情的發展。

他淡淡地說：「以國家利益爲重，必要時每個人都應當犧牲個人利益，服從國家利益。做事應當有始有終，不能虎頭蛇尾，因爲有善始而無善終，必然會一事無成，所以，我必須堅持將這件事完成。」

新稅照常徵收，由於他以稅收振興農業，很快地當農業發展起來，鄭國國力逐漸累積，民眾生活變得更富庶安定，反應也由怨恨轉爲稱讚。

凡事在剛開始，原本就會有許多阻礙或未如預期，這些都是自然現象。大多數人都有想要維持現狀的慣性心理，不希望規律的生活有任何變動，所以，我們可以看到古今中外的國家，乃至各個企業新政策或新制度一出現，幾乎沒有一項制度會有百分之百的支持率。

在如此情況下，柔性的等待是領導者推動新政應當保持的態度，而不是以責罰來逼迫人們的配合，那樣只會引來反效果，或是更大的阻礙。

優秀的領導者要像子產一樣，採行以柔克剛爲政之道，無論抗議聲多大，反對的聲浪多麼強烈，仍然堅持自己的目標，並靜靜地等到時機成熟的那天，如此自然會看見豐收的果實。

我們眼前所見的是，全球每一個重要市場的大震盪及達爾文式的競爭淘汰，而失敗的公司或國家是沒有任何的安慰獎。

——傑克·威爾許

保持不亢不卑的應對

只要我們能掌握戰勝困難的關鍵，知道什麼時候會有困難，看得見其中問題，便能採取正面的辦法戰勝它。

不管在哪個年代，喜歡趁機敲詐勒索的人都會有一套堂而皇之的說詞，必須找出他們話語中的陷阱，然後緊捉住他們的缺漏，令他們無法自圓其說，如此才是積極的應對之道。此外，無論遭遇什麼狀況，即使面對無法解決的困難，只要道理站得住腳，保持不亢不卑的應對，便沒有人可以爲難你。

有一回，晉楚兩國大戰，晉軍大敗，知罃被俘。

當時，知罃的父親荀首爲下軍大夫，率領兵團奮力作戰，射死了楚國大夫連尹襄老，也捉住了受傷的楚公子谷臣。

帶著一死一傷回到晉國之後，晉國預備用他們來換回知罃。

楚王對知罃的才能非常清楚，也相信他將來定能立下大業，於是，滿面和氣地問他：「你怨恨我嗎？」

知罃回答：「兩國交戰，因爲我沒有才能，才淪爲俘虜，大王沒有把我殺死，願意讓我回晉國，我怎麼還會怨恨你呢？」

楚王聽了這番話很是滿意，連忙又問知罃：「既然如此，那麼，以後你將會感激我的恩德嗎？」

知罃回道：「兩國都是爲了國家利益打算，爲了使百姓安心度日，現在晉楚二國既然和好，雙方互釋戰囚以表達善意，這樣的結果與私人無關，你認爲我該感激誰呢？」

楚王又問：「你這番話我覺得有點不對，你說這是兩國之間大事，但明明是我要讓你回去，你回去之後應該要報答我的恩情吧？」

知罃說：「我對你沒有怨恨，也沒有承受你的恩情，不知道應該怎麼報答。」

楚王苦笑著說：「什麼意思？」

知鶯說道：「倘若輪到我帶領軍隊保衛邊疆，碰上楚國的將帥入侵，我會不惜犧牲地拼殺，沒有二心，以此來盡我身爲人臣的職責。」

楚王從知鶯口中得不到什麼答案，卻又無法反駁知鶯的話，只好送他回去，還嘆口氣說：「晉未可與之爭。」

知鶯在與楚王進行對答時，人還在楚王的手中，然而，他卻並沒有因此而卑躬屈膝，強顏奉承。面對楚王厚顏無恥的索要人情，知鶯以不亢不卑的態度面對，令楚王對他無計可施，確實是位膽識過人的奇才。

其實，人生原本就存在了許多困難，只要我們能掌握戰勝困難的關鍵，知道什麼時候會有困難，看得見其中問題，便能採取正面的辦法戰勝它。

只要比賽是在我們的球場，用我們的規則、用我們的球、配合我們的水準來進行，我們就會表現得很傑出。

——馬汀．史塔爾

把苦難當作成功之前的磨練

只有勇敢地面對生活，經歷一番辛苦之後，才能徹底體悟處世的道理。沒有滄桑生活的磨練，是不會理解生活的真諦的！

有些人在現實的苦難中鍛鍊自己，讓自己不斷成長；當然，也有人在困難之中，只想著要自認倒楣，結果錯過了邁向成功的最好契機。

美國前總統比爾．柯克林頓自小在一個不幸的家庭成長，他平生第一次挺身抗暴是在他十四歲時。

據知名的新聞記者羅傑．莫里斯說，一九六〇年，比爾．柯林頓還是高一學生時，就已經是個大塊頭了。

有一個夜晚，當父母的臥室裡又傳出母親遭毆打的聲音時，他連忙推門而入，

對癱坐在地的繼父說：「我不允許你在發酒瘋時，再動我的母親一根汗毛，否則你就要小心了。」

少年比爾．柯林頓習慣戴著一個讓人看不透的假面具，所以，朋友對他的印象都是討人喜歡、活潑開朗的。

有一天，有個朋友說：「現在我才知道，發生在他家裡的事，沒想到他能如此沉穩，居然能把這些多事情都深埋在心底。」

從這段經歷，我們可以看見，原來這位後來當上總統的少年，很早就學會如何讓自己活在雙重世界之中。

當然，也有人批評他：「像許多生活在嗜酒家庭的孩子一樣，他也學會了不說實話，而且沒有任何愧疚感。」

其實，在柯林頓面具之後是內心激烈的衝突，這些衝突造也就了一個積極奮發年輕人，因爲在他緊繃的神經下，時時處於不穩定狀態，反而使他越想讓諸事順遂，和週遭的人相安無事。

所以，柯林頓在自省時經常說：「在我成長過程中，碰到的首要問題便是，該怎樣在不喪失原則、不大動干戈的情況下化解矛盾。」

柯林頓當選了美國總統，實現了少年時代就開始規劃的宏偉藍圖時，一個土生土長的溫泉城人說：「有不少人的確小看了他，不管是在幫助他的人面前，還是在可能害他的成年人面前，他都能應對自如，並巧妙地掩飾自己眞實的感情。」

從柯林頓的成功例子，我們可以清楚知道，只有勇敢地面對生活，經歷一番辛苦之後，才能徹底體悟處世的道理。

不經歷風雨的洗禮，我們怎能見到彩虹？

沒有滄桑生活的磨練，是不會理解生活的眞諦的！

新的模式是全球化相互關聯的網絡，因此新的領導者也面臨了新的考驗，譬如在這種創意密集、互賴網絡的環境中如何領導統御等等。

——約翰．史考利

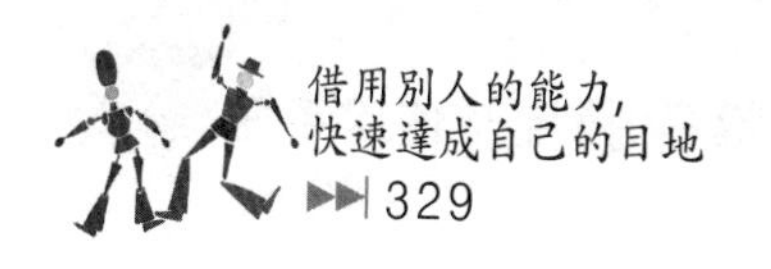

尋找化敵為友的方法

不必奉承、討好對方，也不必用爭鬥的方式來推倒對手，與其樹立更多敵人，不如尋找「化敵為友」的方法。

富蘭克林是美國歷史上非常具有影響力的人，年輕時，曾在費城開了一家小印刷廠，後來被選爲賓西法尼亞州議會的書記，這才開始了他的政治之路。

但是在某次選舉期間，有位在議會中頗具分量的議員，卻對富蘭克林發表了一篇反對演說，而且演說中把富蘭克林批評得一文不值。

遇到這樣一個強勁敵手，對年輕資淺的富蘭克林來說，無疑是件棘手的事，可是，富蘭克林只用了一個很簡單方法，就化解了他們之間的尷尬與矛盾。

富蘭克林後來在自傳中回憶說，對於這位議員的反對，他當然很不高興，可是，這位議員是一位很有學養的紳士，在議院裡也有一定的聲譽和地位，所以，他並不會用卑鄙或阿諛的方法來討好，或企圖贏得這位議員的同情或好感，他只在事情發生之後，用一種很適當的方法來溝通而已。

富蘭克林聽說這位議員的藏書室裡有幾部很名貴的絕版書，於是他寫了封信給議員，表明自己希望有機會能閱讀這些書籍，並誠心地請求議員能借給他。

沒想到對方收到信後，立刻就把書給送來了。

一個星期之後，富蘭克林把那些書送還給議員，另外還附了一封感謝信，很誠懇地表示了自己的謝意。

在這之前，這位議員從來不和富蘭克林說話，但是自從借書之後，每當他們在議會遇見時，他便會主動地上前和富蘭克林握手、交談，並且態度非常友善，還說只要需要他幫忙，他都會義不容辭。

從此，他們不只成爲了知己，彼此的友誼還一直維持下去。

富蘭克林的手法很簡單，中國人說的「知音難覓」、「志同道和」，都能讓這個故事的寓意更加清楚。

這一步是富蘭克林從政道路上，非常重要的一次跨越。他化解了與這位議員的衝突方式，不是迴避、討好或委屈自己，而是尋找到彌合矛盾的共同點，而這也正是富蘭克林所要給我們的啓示。

不必奉承、討好對方，也不必用爭鬥的方式來推倒對手，與其樹立更多敵人，不如尋找「化敵爲友」的方法，如果你想有所成就，這就是你最佳的成功捷徑。

歷史上，打破大眾錯誤觀念的人往往是冒險嘗試的人。這些人願意冒險去嘗試做大家認為大膽或愚蠢的事情。

——丹尼爾．布爾史坦

保持警戒就不會鬆懈

在事情未見成功之前，我們仍然不能輕易放棄與鬆懈，畢竟，商場上雙方隨時都有可能交手，保持一定的警戒和實力是絕對有必要的。

在交涉或談判中必須有充分的準備，將對手的資料完整收集，捉準目標，鬆懈敵人的戒心，自然能攻其不備。

日本某公司與美國某公司進行一次技術合作談判，談判開始時，美方首席代表便拿著各種資料，滔滔不絕地發表公司的意見，完全不顧日本公司代表的反應，而日本公司的代表則一言不發，只顧著埋頭做著筆記。

當美方代表講了一兩個小時之後，向日本公司代表徵詢意見時，日本公司代表卻顯得不知所措，重複著「我們不清楚」、「請給我們一些時間，回去準備一下」

之類的話，雙方的第一次談判，竟在這樣不明不白的情況下結束。

幾個月之後，雙方又開始第二次談判，美方公司的代表捲土重來，而日本公司則以談判不力爲由而另派代表團，但是一切過程和上次談判一樣，日本人顯得在這次談判中準備不足。

美國公司的老闆大爲惱火，認爲日本人在這個案子上沒有誠意，於是就下了最後通牒，如果第三次談判日本公司仍然如此，那麼兩公司的協定便得取消。

而後，美國公司解散了談判團，封閉所有的技術資料，以逸待勞，等半年之後雙方的最後一次談判。

沒想到，幾天之後，日本公司竟然主動派出龐大的談判團，不請自來，直飛美國要求談判，美國公司在驚愕中倉促上陣，匆忙召集原來的談判團成員進行談判。

這次談判中，日本代表不但掌握了先前談判中美方代表的技術資料，而且詳細說明了相關的資料，最後拿出雙方協定的草樣，要求立即進行雙方公司的合作。

美方代表一下不知所措，因爲自解散之後根本沒有進行過磋商和分析，放鬆戒心的情況下，美國代表陷入了被動挨打的地位，日本代表卻得勢不饒人，硬是要美國人按日本人的設想在協定上簽了字。當協定發生效力時，美國人才發現自己這一方根本就受到了對方的欺騙，雙方獲利不均，但也為時已晚。

商場上，商人間的攻防兵法和詭詐伎倆一再上演，為了自身利益，就必須活用各種戰術，即使要裝傻也無妨，因為一切只許成功不許失敗。

我們從日本人和美國人的交涉過程中可以得知，商戰上既聯合又競爭的對手會如何表現自己，確實很難預料。從中，我們還能得到一個啓發，無論如何，在事情未見成功之前，不能輕易放棄與鬆懈，畢竟，商場上雙方隨時都有可能交手，保持一定的警戒和實力是絕對有必要的。

厚黑智典

現在，每一項競爭都會變成全球戰爭，輸贏都取決於速度及對改變的反應能力等因素。每個人都要因應要求更高、更激烈的競爭要求。

——凱·林歐斯特

PART 10

做個聰明的老實人

做人應當誠實正直，不要有害人之心，
不過，防人之心也不可無，
畢竟人的心思是很難讀懂的，
必須提防別人口蜜腹劍的算計。

做個聰明的老實人

做人應當誠實正直，不要有害人之心，不過，防人之心也不可無，畢竟人的心思是很難讀懂的，必須提防別人口蜜腹劍的算計。

亞里斯多德曾說：「人在最完美的時候，似乎是動物中的佼佼者，但是，當他為了一己之私的時候，便是動物中最差勁的東西。」

正因爲如此，做人做事必須懂得一些厚黑手法，才不會老是被坑被騙。

古人一再提醒我們：「防人之心不可無」，強調與人合作或共謀時，在尚未熟悉對方的確實情況之前，千萬要小心謹愼，不要過度地曝露個人心思，這樣才不會被有心人利用，而讓自己陷入危機之中。

總而言之，就是要設法做個聰明的老實人。

唐高宗死後，武則天開始垂簾聽政。爲了順利得到天下，並壓制宗室大臣的不服與反抗，於是，在東門設立「銅匭」，下令如果發現任何圖謀不軌的情況，都可以用密函的方式，將信件扔進銅匭，只要密報經查證後確實無誤，告密者便可以得到封官晉祿的獎勵。

當時有位胡人李元禮，便是因告密成功，而獲得了游擊將軍的官銜。

其他像是尙書都事周興、來俊臣等人，見狀也紛紛效法，競相羅織他人的罪名，讓自己的官運扶搖直上。

在這些人當中，以周興最爲機敏狡詐，當時他豢養了一批專門告密的地痞流氓，每當他想陷害某人時，便會命令這些流氓前來告密，然後弄假成眞。

周興還挖空心思製造了一系列令人不寒而慄的刑具逼供，還將這些刑罰取了一些好聽的名目，如定百脈、突地吼、鳳凰曬翅、仙人獻果、玉女登梯……等等。

當受審的嫌犯一看到這些「別出心裁」的刑具，早就被嚇得魂飛魄散，無不寧願立即招供，以免受罪煎熬。

然而，風水輪流轉，這天周興居然被人告密了，說他串通其他人試圖謀反，蓄意奪權，武則天對此事甚爲重視，立即指派來俊臣審理此案。

曾與狼狽爲奸的來俊臣深知，周興是憑著告密用刑起家的，想要讓他老實招供並不是件容易的事。

於是，他先邀請周興一同飲酒，席間則不斷地稱讚周興，以鬆懈他的心理防衛，最後向他請教：「周兄，我最近碰到了一個十分狡猾的犯人，各種刑具我都用過了，他就是不肯招供，不知道你願不願意教我幾招？」

已經被來俊臣捧得飄飄然的周興，不知其中有詐，不假思索地對來俊臣說：「老弟，我跟你說，如果你把這個狡猾的囚犯放入一個大甕，然後架在火上烘烤，你想他招或不招？」

來俊臣一聽，樂得拍手稱妙，立即派人搬出來大甕，並架起炭火。

周興一看，原來的好氣氛都被弄壞了，不悅地問：「老弟，難道你要在這裡審訊犯人嗎？」

只見來俊臣笑著命人撤去殘席，接著拿出武則天的敕文，板起臉孔對著周興說：「請君入甕吧！」

果然，周興還未置身大甕，便馬上招供。

雖然這是則發生在唐朝的歷史典故，然而，卻是做人做事上常用的厚黑謀略，必須時時以此警惕自己。

做人應當誠實正直，不要有害人之心，不過，防人之心也不可無，畢竟人的心思是很難讀懂的，必須提防別人口蜜腹劍的算計。如果你在得意之時，不小心謹慎，輕易地曝露了自己的實際情況，恐怕會讓自己一直處於失敗之勢！

世界上到處都進行著各種形式的戰爭，沒辦法，我們就是愛打仗。我們不是防守的一邊，而是進攻搶奪的一邊。

——大衛・漢考克

製造玄機就能化解危機

競爭過程中，原本就是要虛實交互運用，讓競爭對手握不住你的實力，從而無法與你進行對抗。

自己的真實力量，有時需要向對手全部展示，但有時候也要巧妙地掩藏起來。然而，什麼時候該進行「火力展示」，什麼時候又該隱藏實力，則要依當時的實際情況而定，只要我們運用得當，自然能受益無窮。

孫臏和龐涓都是鬼谷子的學生，後來龐涓先行下山，當上了魏國駙馬，並陷害孫臏受到「臏刑」，導致雙腳殘廢。孫臏脫險之後，先以圍魏救趙之策大挫龐涓的銳氣，然後又在戰場上與龐涓正面決戰。

由於孫臏技高一籌，鬥智而不鬥力，所以，他運用「減灶法」製造假象，在戰

場上逐漸減少燃灶的數目，讓龐涓誤以爲孫臏節節敗退，命令手下軍士緊追不捨。

直到兩軍在馬陵道會戰，孫臏依計整合全部兵馬，給了龐涓迎頭痛擊，龐涓才知道中計，最後被亂箭射死。

這是戰場上的謀略，所謂知己知彼，百戰百勝，商場之中也是如此。

我們首先要對自己有正確的評價，然後瞭解對手的虛實，先適度地隱藏自己的實力，學會製造假象，讓對方錯估情勢，進而爲自己製造一個絕佳的優勢。

曾經，有家銀行忽然傳出財務不穩的消息。

當時已經接近下班時間，那間銀行馬上被擠兌的人潮擁得水洩不通，此時如果處理不當，銀行很有可能會就此倒閉。

所幸，該銀行的經理鎮定自若，不慌不忙地將庫存的現鈔全部搬了出來，一面延長銀行營業時間，另一面緊急向同行拆借現金。

當趕來擠兌的人，看見現場現金如此充足，不禁相信銀行的實力沒有問題，大都認爲財務不穩的消息應該是個謠言，再加上大排長龍的等待，實在浪費時間，便放心地回家休息，擠兌的人數立即明顯變少了。

另外，一些銀行大戶，看見銀行的情形穩定，又想到提領完現金還有被搶的風險，索性相信銀行，也省得爲自己增添麻煩，這場擠兌風波也就此煙消雲散。

另一個例子是，曾經有某家上市公司，因爲市場派和當權派爭奪經營權，而藉著拉攏股權的方式爭奪不休。

在股權開始進行登記之後，市場派四處活動，到處請託送禮，拉攏的股權很快地便超過了當權派。

在兩者股權拉長了距離之後，市場派預估其餘小股東不會出席，又見當權派無力拉攏，眼見局勢已定，便自信滿滿地認爲，一切穩操勝算，便對當權派的注意力逐漸鬆懈，甚至開始爲奪權成功大肆慶祝。

未料，當權派早就暗中拉攏其餘的分散股權，努力邀請他們聚餐歡敘，並在登記截止的期限前一刻，帶著小股東全數前往會場，進行登記手續。

這個情況讓市場派頓時傻眼，面對這樣致命的一擊，他們根本無法招架，在完全沒有掙扎的餘地之下，只能以奪權失敗而告終。

這彷彿就像孫臏與龐涓決戰的現代翻版，說明競爭過程中，原本就是要虛實交

互運用，讓競爭對手握不住你的實力，從而無法與你進行對抗。

這幾則隱藏實力與展示實力的方法，都表現得恰到好處，他們合理地利用自己的實力，然後稍加隱蔽，沒有讓人們窺破其中的玄機，巧妙地扭轉對方的心理，讓成功穩固地站在自己這一邊。

所以，捉準時機，將優點掩飾起來，讓對手鬆懈怠惰，甚至對你毫無防備，掉以輕心，直到遭遇你的正面進攻才驚醒，但卻爲時已晚，這也是謀求獲勝的商戰策略中，最常運用的方法之一。

競爭優勢是指你比其他人有更優越的條件，它是利用來使你比競爭對手更有吸引力，更有效能。

——威廉·萊修

不拘小節，人才才會鞠躬盡瘁

一個成功者的事業版圖，往往是用無數人才的血汗繪製而成。相同的，他們邁向成功的階梯，也經常是用人才鞠躬盡瘁的屍骨堆疊而成。

身爲一個想要有所作爲的領導者，最應該擔憂的是手下無可用之人，盡是一些成事不足、敗事有餘的蠢才。

因此，在舉用人才之際，一定要不拘小節，因爲，領導者除了要積極經營自己的版圖之外，更需要人才的輔佐，群衆的擁護，才能長治久安。

戰國初期的名將吳起爲了入仕，便拜孔子的學生曾參爲師，學習儒家義理，由於吳起勤奮向學，深得曾參的喜愛。

然而，當吳起的母親去世時，他卻不願意按照當時的習俗回家守孝三年，認爲

那樣只會白白浪費時光。

這件事讓曾參非常生氣，一氣之下將他趕出師門，從此，吳起便放棄了儒學，轉而學習兵法。

當齊魯之戰爆發，魯國國君雖然想任用吳起，卻因爲他的妻子是齊國人，而有所猶豫，後來吳起的妻子恰巧死了，魯君這才放心派他率軍出征。

這一戰，吳起率領了兵少將弱的魯國軍隊，居然打敗強盛浩大的齊軍，展現了自己卓越的軍事才能。

雖然他大勝而回，這時卻傳出了一個相當歹毒的謠言，指出吳起爲了當上將軍，竟然不惜殺害妻子。

魯王聽聞傳言之後，並沒有詳加查察，便聽信左右讒言，從此疏遠吳起，而被謠言中傷的吳起深深受挫，也離開了魯國。

不久，他得知魏文侯正在廣募賢才，便立即轉道來到魏國，後來幸運地獲得魏國將領翟璜賞識，隨即推薦給魏文侯。

然而，魏文侯也擔心吳起徒有才能，卻品德不佳，因爲他也聽說，吳起不願爲母親守喪之事，以及為了當上將軍，不惜將自己的妻子殺害的傳言。

不過，瞿璜卻力勸魏文侯：「想要成就大業，就應當不拘小節，吳起沒有守孝三年，我國也沒有一定要遵守儒家禮教的規定，再者，就算吳起急於建功立業而殺妻，不也正好符合國家的需要？」

後來，魏文侯聽了吳起的軍事見解，馬上驚為天人，徹底心服口服，任命他為大將軍，派他出任西河守。

吳起到西河後訓練軍隊，帶領百姓耕種梯田，因為頗能體恤民情，深得百姓愛戴，沒有幾年工夫，便把西河治理成進可攻、退可守的重要據點。

西元前四〇九年，吳起帶領軍隊渡過黃河，攻克了秦國的臨晉、洛陽、合陽等重要城鎮，更讓企圖大舉入侵中原的秦軍大敗而逃。

一個成功者的事業版圖，往往是用無數人才的血汗繪製而成，相同的，他們邁向成功的階梯，也經常是用人才鞠躬盡瘁的屍骨堆疊而成。

這麼說雖然充滿權謀，卻是不爭的事實。

如果，當時魏文侯只注意那些對吳起不利的傳言與缺點，而忽視了他的軍事才

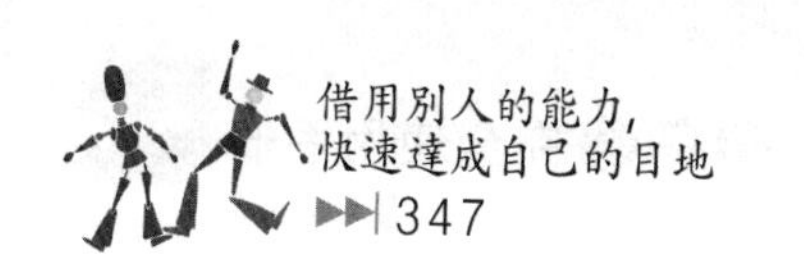

能，那麼他的損失恐怕不小吧！

從魏文侯重用吳起這個故事中，我們可以得知，身爲一個優秀的領導人，在選用人才和班底之際，一定要用人唯才，不拘泥世俗的小節，能夠如此，便能爲自己創造成功的高峰。

很明顯的，由於欺詐性廣告的不斷流傳，使得人們的智力不斷降低，這說明了要征服一個市場，方式不只一種。——彼得·杜拉克

把人才用在最正確的地方

選用人才，領導者一定要注意任人唯賢的重要性，並了解此人是否有勝任的實力，否則再美好的目標，都會事倍功半，甚至功敗垂成。

在實力決定勢力的競爭社會中，一個領導者一定必須具備識人用人的精準眼光，以及放手讓下屬發揮才華的決斷。

呂蒙曾經被人譏笑為「吳下阿蒙」，後來奪發圖強讓人「刮目相看」，是東吳的一員大將。赤壁大戰之後，呂蒙鎮守陸口，隔著長江與荊州相望，而關羽在劉備、孔明進入四川之後，也獨當一面，屯駐在荊州。

雖然，關羽曾經主動出擊，打下曹軍佔領的襄陽地區，還水淹七軍，擒獲了曹操的猛將于禁、龐德……等人而名震天下，然而，他卻因為戰線拉得過長，憂患也

一天一天地加深。

當時，魏、蜀、吳三國展開了混戰，關羽乘機襲擊曹營，而東吳又在背後對關羽虎視眈眈，曹軍也因爲屢次戰敗而對關羽懷恨在心，所以打算暫時與東吳聯手，協助東吳進攻關羽。

孫權看準時機，決定進攻關羽，要回被蜀軍賴著不還的荊州。

他把堂弟孫皎與大將呂蒙叫來，讓他們共同領軍作戰。

然而，呂蒙對此卻很不滿，抱怨道：「主公倘若認爲呂蒙可用，則獨用呂蒙，若以爲叔明可用，請獨用叔明。」

亦即，他希望孫權只須挑選其中一人領軍即可。

孫權聽了呂蒙的話，心下暗自揣測：「莫非呂蒙已有破敵之計？」於是，過了不久他便把呂蒙召來，說道：「呂將軍，我就任命你爲領兵大都督，總管江東諸路軍馬。」

孫權眞的獨用呂蒙，而呂蒙也不負重望，帶領東吳士兵，偷襲荊州得勝。

這一役，讓關羽的軍隊失去荊州之後，喪失了後援補給，無疑是個重大的打擊，最終導致關羽在麥城一役戰敗被殺。

東吳能在這次戰役獲勝，多虧孫權的慧眼識英雄，給予呂蒙完全的信任，更讓呂蒙完全發揮實力，才能擊敗關羽這個強敵，這正是現代領導者應該學習的地方。

選用人才，領導者一定要注意任人唯賢的重要性，也一定要考慮工作性質是否符合部屬的特質，並了解此人是否有勝任的實力，否則再美好的目標，沒有適才適用，都會事倍功半，甚至功敗垂成。

創造力就像野兔一樣，如果你已經有了一對野兔，並且了解到如何養活牠們，那麼很快的，你就會有一打野兔。

——史坦貝克

虛心接受別人的建議

想要箝制別人的想法或言論，是行不通的方法。想要封住別人的嘴巴，到頭來只會換來更多不堪入耳的流言和毒語。

在這個越來越不說實話的時代，有些人為了不得罪人，往往戴著面具說假話。更多時候，表面上對你越曲意奉承、越恭敬有禮的人，骨子裡越可能暗藏著不可告人的目的。正因為如此，我們更應該虛心接受別人的建言。

對於別人的批評和議論，即使覺得不公允，也不必氣沖沖地反駁，應當以虛懷若谷的態度加以接受，允許別人在自己面前發表不同的意見，作為自己反省檢討的借鏡，這才是正確的為人處世之道。

春秋戰國時期，齊國有位名叫鄒忌的大臣，由於長得風流瀟灑、氣度不凡，被譽為美男子。對此，鄒忌感到相當得意。

鄒忌聽說當時城北也有位美男子，心裡經常想：「不知道誰長得比較俊美？」他的妻子、侍妾和前來拜會的人聽見他的疑惑，個個都說他比較俊美。

後來，鄒忌親自看見了那個美男子，相較之下他卻發現，自己根本不如對方，他也這才知道，自己受到妻子、侍妻和拜會者的善意欺騙了。

不久，他把這件事情告訴齊王，並建議齊王要虛心納諫，接受不同人的建議和面諫，即使對方的建議讓自己難堪，也應當虛心接受。

齊王認為有理，隨即發出佈告，隨即進諫的人往來不斷，其中有許多意見皆能切中時弊，而齊王也都能接受改進。

後來，意見越提越少，齊國的政治也越來越開明，經濟發展與國力日益強盛，終於成為當時諸侯公認的強國。

春秋末年，子產也是位從不對民眾言論加以壓制的宰相，即使人們對鄭國的政治抱著不滿或是嘲諷態度，他都能坦然接受。

當時，在鄭國各地普遍設有鄉校，那裡不只是教育人民的地方，同時也是許多對政治不滿的人發言的場所。

民衆們在那裡發洩怨言並斥責政治，有些朝中大臣聽說後，非常擔心這些人會對社會、政治帶來不良的影響，紛紛要求關閉鄉校。

然而，這時子產卻反駁說：「千萬不可以關閉鄉校，因爲那是民衆在結束一天的勞動之後，唯一休息的地方，他們聚集在那評議政治其實並無不妥，他們的意見更可以作爲我們施政的參考，對於讚賞有加的政策，我們便可以繼續深化實行，如果聽見批評或是建議，我們更應該加以改革。一旦我們強行壓制，也許能暫時抑止他們的言論，但是，此舉卻像堵塞河道一樣，水勢雖然一時堵住，但是，當更大的洪水滾滾而來時，必定會氾濫成災。與其如此，倒不如從平時就慢慢地疏通洪水，這不是更好嗎？」

從子產這番話，我們可以知道，想要箝制別人的想法或言論，在這個誰也不怕誰的年代，早就已經是行不通的方法。

想要封住別人的嘴巴，到頭來只會換來更多不堪入耳的流言和毒語。

面對批評或批判，我們都應當有包容的心胸和寬容的氣度，允許人們發表不同的意見，因爲，嘴巴長在別人的臉上，不是我們可以控制的。

唯一對自己有用的應對方式是，從這些話語之中找出自己看不見的問題，補強自己缺失或不足之處。

懂得以別人發出的批評、諫言作爲自己的一面鏡子，也才能讓自己朝著更正確的道路前進。

一個人越是卑鄙，他就會越固執地想要扮演高尚的角色，有些人甚至還因此成功了。

——塞涅卡

忍耐，是為了累積成功的資本

最懂得忍字訣的人，在不斷地累積力量、增強忍耐力和判斷力的同時，也為將來事業累積成功的資本。

宋朝文學家蘇洵曾說：「一忍可以制百辱，一靜可以制百動」，這番話告訴我們，凡事雖然應該把握時機，卻也不能貿然行動。

歷史上的成功人物者都知道，「忍」字是至高至上的修爲，能忍耐的人才能伺機待時，等到有了足夠的力量與對手對抗，便能猛烈反擊，一戰而勝。三國時期，南方部族首領孟獲領兵反蜀，製造叛亂，而蜀國則由丞相諸葛亮親自率軍前往平定，當時他便是以「忍」字訣，徹底征服孟獲。

諸葛亮聽說孟獲不但勇猛，而且在南方各部族人民中極具威望，爲了長治久安，便以降服孟獲爲目標，下令對孟獲只許活捉，不得傷害。

孟獲軍隊與蜀軍交鋒之時，請葛亮派令蜀軍故意敗下陣來，孟獲憑仗人多，只顧著向前衝，卻誤中蜀軍的埋伏，因此而大敗。

這是孟獲第一次被活捉，當時諸葛亮請他進入蜀軍帳內，並當場叫士兵爲他鬆綁，還陪他參觀軍營，結果，並未獲得孟獲的臣服，他仍然傲慢無禮，不肯就此服輸，諸葛亮也沒多說便放他回去。

孟獲回到部落後，重整旗鼓，又一次進攻蜀軍，結果再次被諸葛亮活捉。儘管諸葛亮繼續耐心規勸，但孟獲還是不服，而這一次，諸葛亮依然又放了他。

此後，孟獲改變了戰略進攻蜀軍，或堅守渡口，或退守山地，然而不管他如何改變，始終都被諸葛亮擒住，也一次又一次被釋放。直到第七次，孟獲被擒時，諸葛亮再次要放他回去時，孟獲卻跪了下來，還哭泣著說：「丞相七擒七縱，待我可說是仁至義盡，我打從心裡佩服，從今以後絕不再聚衆反叛。」

孟獲第七次獲釋回去之後，便極力說服各部落的人民，使南中地區重歸蜀漢，蜀國後方逐漸穩定，各部族人民也得以休養生息，安居樂業，從此，蜀國再也不必

浪費兵卒去討伐叛軍了。

以當時的現實局勢而言，蠻族反叛無常，殺了孟獲只會使情況更加惡化，因此，諸葛亮百般隱忍，終於得到最佳的回報。

最懂得忍字訣的人，會要求自己，培養剛強的毅力和堅韌的耐力，能忍人所難以忍受的事物，好讓自己能屈能伸，而在不斷地累積力量、增強忍耐力和判斷力的同時，也為將來事業累積成功的資本。

所以，忍與不忍的區別就在於，不能忍耐的人雖然可以暫時發洩眼前怨氣，卻往往無法得到最後的成功，而能忍耐的人則因為等到致勝良機，才能有機會獲得長遠利益的回報。

每個人都有自己相信的座右銘，我的成功座右銘就是：人不可不要臉，但臉皮一定要夠厚。

——約翰·雷

做人不要強出頭

如果刻意地在對方面前，表現自己高人一等，或是炫耀自己的小聰明，反而會自曝在危險之中，甚至讓旁人視為愚蠢的舉動。

許多人在待人接物之時，總是喜歡吹噓自己，試圖把別人比下去。殊不知，刻意地炫耀你的聰明或才華，只會讓你顯得愚昧，贏得一時的虛榮，卻喪失更遠大的前景。

隋代的薛道衡文才出衆，十三歲就能背誦《左氏春秋》。隋文帝時，薛道衡被任命為內史侍郎，在隋煬帝時，則外放擔任潘州刺史，直至大業五年，才被召回京師任職。

當時，薛道衡寫了一篇《高祖頌》，自己頗感得意，但隋煬帝看完後，不悅地

說：「只不過是文辭華麗而已。」

因為，隋煬帝楊廣一向自認文才甚高，認為沒有人能超越自己，所以對薛道衡的文才心存嫉妒。

當時，有位御史大夫見狀，便乘機進讒言：「薛道衡自負擁有才子之名，不把皇上看在眼裡，這根本存有造反之心。」

內心極度不悅的隋煬帝因而聽信讒言，下令將薛道衡處以絞刑。

這說明了，鋒芒畢露的人時間一久，便會引來旁人的嫉妒，周圍的人因為感到自己的無能，也不願與他合作。

當年，孔子年輕氣盛之時，曾經向老子問學。

老子只對孔子說：「良賈深藏若虛，君子盛德容貌若愚。」

意思是說，善於做生意的商人，總是隱藏寶貨，不會讓人輕易看見，而品德高尚的君子，容貌總是顯得愚笨拙劣。

唐順宗就深明這層道理，即使貴為太子之時，也儘量小心翼翼地注意自己的言行，以免惹來禍害。

喜歡以天下爲己任的唐順宗，還是太子身份時，便曾對東宮幕僚說：「我要竭盡全力，向父皇進言革除弊政的計劃！」

幕僚王叔文聽了，深以爲不妥，立即向他諫言：「身爲太子，首先應該做的事情是盡孝，你應該多向父皇請安，問候起居冷暖，至於改革是目前最棘手，也最敏感的問題，如果你過分熱心，有心人就會以爲你企圖以國家改革的名義來招攬人心，萬一讓皇上誤會你想篡位，而對你有所猜忌，對你來說並不件好事，而且更無助於國事改革啊！」

唐順宗聽完這番話後，立刻有所省悟，之後便收斂許多。這樣的改變，讓他在唐德宗荒淫專制的晚年，沒有招來不測的災禍，也才能成就日後唐朝的順宗改革。

從故事中我們明白，處理人際關係時，我們務必要謹慎小心，不要傷及對方的自尊心，也不要引起別人的猜忌。

如果刻意地在對方面前，表現自己高人一等，或是炫耀自己的小聰明，反而會自曝在危險之中，甚至讓旁人視爲愚蠢的舉動，輕則讓對方更加自卑，從此拒絕與你來往，重則讓對方想要挫挫你的銳氣，反而讓自己陷入危機。

當然，在這個講求分工合作的現代社會，如果沒辦法讓組織團結，有些工作根本無法完成，因而，我們也不必對工作採取消極的態度，只要小心表現，不要處處張揚，表現出令人反感的小聰明，試圖將榮耀獨攬在自己身上，那麼你自然而然能處處化險爲夷。

厚黑智典

那些在炮火下跑進你腦海中的創造性想法，將被安全地保留在那裡，直到永遠永遠。

——托洛茨基

別當不知變通的「恐龍」

能夠適應環境，不斷地改變自己，並給自己多一點冒險的勇氣，一定會比墨守成規，讓你更有出頭的機會。

莎士比亞在名著《亨利六世》裡說道：「所謂的宿命和傳統是萎靡不振者的精神枴杖，是那些懶於用自己的腦子去思想，專門襲取他人見解的人的溫床。」

在變動不羈又競爭激烈的環境中，人必須根據不同的情勢，採取相應的行動方針，不管伸縮、進退，都應該進行客觀的評估，如此才能獲得最後勝利，千萬不要讓自己淪爲不知變通的「恐龍」。

如果不想做被隨時都可能被時代淘汰的「恐龍」，那麼你就要隨時自我增值，讓自己在這個處處都是競爭的環境中，走到哪裡都能有自己的一片天！

否則，你很快就會變成一具「化石」。

恐龍在很短的時間內滅絕，科學家至今仍然無法找到牠們滅亡的秘密，唯一能確定的是，無法適應大環境的變化，是導致恐龍滅絕的主要原因。

「物競天擇，適者生存」的準則，不僅適用於自然界的生物，同樣也適用於現代的文明社會。

凡事要能變通才有辦法生存，如果在這激烈的競技場中，你無法適應環境的快速變遷，那麼必定會遭到淘汰。

商場、職場都如戰場，一個人在作戰的中途倒下，正顯示他的生存能力不夠。

不幸的是，在許多工作場所中，我們仍可以看到許多恐龍級人物的存在，這些「恐龍族」的特徵有：頑固、遲鈍、行動緩慢、缺乏彈性。

在工作上，「恐龍族」最大的障礙，就是看不見也無法適應環境。他們其實有很多學習新技術、繼續深造、更換職務或創新求變的機會，但是總是視而不見，無心尋求新的突破。

於是，「恐龍族」慢慢地安於現況，沒有企圖心，沒有創新精神，更沒有工作熱忱，滿腦子只想安逸怠惰地混日子，絲毫不願設法改進缺失，也不會思考如何讓自己更有能力，做更好的工作。

工作與生活永遠是變化無窮的，我們每天都會面臨改變，不管是景氣的榮衰、新產品的上市、新科技的引進，又或是面對新同事、新老闆，不管改變的小大，每一次改變都需要調整心態，重新去適應。

所謂面對改變，意味著對舊習慣和舊狀態的挑戰。人必須求新求變，如果緊守著過去的行爲與思考模式，並毫不在乎地認爲「我就是這個樣子」，那麼永遠也不會有進步的一天。

「恐龍族」不喜歡改變，也不會爲自己製造機會，情願受命運的擺佈，也不相信自己能掌握命運，於是他們往往浪費了許多向上躍昇的大好機會，並且在錯誤的位置上坐了一輩子。

「恐龍」，其實就是我們常說的冥頑不靈之人，他們無法隨著環境的改變而調整心態，因此稍有變動就慌亂失措；他們不願面對錯誤的事實，寧可一錯再錯，也不願讓自己變得更好。

於是，在「適者生存」的殘酷競爭法則下，他們一輩子都只能坐在失敗的椅子上，直到終老！

在現代社會中，能否獲得個人成就，關鍵就在於你肯不肯嘗試。只要懂得變通，你才會獲得更多的機會和進步，不想被時代和環境淘汰，你就必須竭盡所能地提升自己，爲自己建立一片專精的領域，讓自己不管處於任何環境下，都是不可或缺、獨一無二的重要人物。

能夠適應環境，不斷地改變自己，並給自己多一點冒險的勇氣，一定會比墨守成規，讓你更有出頭的機會。

一個人若只會思索如何維持現有的成就、優點與視野，那麼，他就失去了順應潮流的能力。

——彼得·杜拉克

想出更好的致勝方程式

處理棘手事情的時候，別老是直線思考，有時要把問題上下左右思考一番，才會有更好的致勝方程式出現。

精於用兵之道的人，往往能從常理之中洞悉對自己最有利的情況，然後採取違反一般人思考邏輯的方法行事，進而出奇制勝。

這就是所謂的「逆向思考」，只不過，很多人自以爲自己在逆向思考，其實只是重新安排自己的偏見。

古希臘的荷馬史詩《伊利亞特》中，記載了一則最著名的特洛伊戰爭，當時聯軍爲了攻破特洛伊城，費盡心機想出一條計策。

當兩軍交戰時，聯軍假裝節節敗退，倉皇之中丟下了內藏大批精兵的木馬。

特洛伊人眼見敵軍敗走，不禁歡聲雷動，便順理成章地將這個巨大的木馬視爲戰利品，運回城內。

當晚，特洛伊人爲慶祝勝利而狂歡的時候，木馬內暗藏的無數精兵一擁而出，殺得特洛伊人驚慌失措，而在城外守候的聯軍將士們，一發現城內烽火四起，也立即向城內進攻，一舉佔領了特洛伊城，而這正是著名的「木馬屠城計」。

像這類「逆向思考」方法，運用在經商謀略中，同樣能出奇制勝。

美國就有一位名叫麥克的精明商人，很喜歡研究美國有關商業貿易方面的法律，只要他一發現漏洞，便會趁機大撈一筆。

有一次，麥克在法國購買了一萬副女式皮手套，但是按照當時的貿易規定，這批貨物要進口到美國必須繳納高額的關稅，於是，他爲了減少稅額，便開始思考新的進貨方式。

最後，他想出一個讓人意不到的方法，只見他將手套分爲兩批，第一批先運回美國，另外一批則原封不動。

先運回的手套如期抵達，麥克卻故意不去提貨，因爲依海關法律規定，逾期存放的貨物會被充公拍賣，他那批手套自然也難逃此運。

拍賣之日，前去標購手套的商人爲數不少，麥克置身其中，不動聲色。

當負責拍賣的官員打開包裝一看，不禁大叫一聲，原來運來的手套儘管材質精美，但都是左手手套，根本無法在市場上販售。

現場熱絡的氣氛頓時冷卻，最後只剩麥克一人還在場內，於是，麥克便以極低的價格買走了所有的手套。

很快的，麥克又運來第二批手套。

這次，他把一萬隻右手手套兩兩相配，冒充成一左一右的「正常」手套。

結果，此計成功，海關人員只收了麥克五千副手套的關稅。

如此一來，麥克只用了一半的關稅，外加拍賣左手手套時所花去的一小筆費用，順利地將一萬副手套，運進了美國境內。

「怎樣才是最有利的方法，如何才能出奇致勝獲得成功？」

相信這個疑問，必定在許多力求成功的人心中，不斷地被思考著，但是，大家都只在既定的思路上來回探索。

其實，處理棘手事情的時候，別老是直線思考，有時要把問題上下左右思考一番，才會有更好的致勝方程式出現。

像故事中的木馬戰略，像是商人麥克的另類方法，凡事只要能轉個彎想，我們便能找到另類的成功技巧，登上等待已久的成功寶座。

一個想法僅僅是一個出發點而已，一旦你把它詳細說出來，它就已經受到思想的改造了。

——畢卡索

識時務才能開創人生版圖

只要別一窩蜂地跟著所謂潮流或別人的腳步走，因為，那些只懂得一窩蜂的人，絕大多數都是以失敗作為結局。

知道自己的實力到達哪裡，也知道自己的弱點在哪裡，這兩項是我們發展自己人生版圖最重要的認知。

遇到實力比自己強壯的對手，我們都應該明知時務，避實就虛，另外尋發展的道路，而不要做無謂的拼鬥，那樣只會弄得兩敗俱傷。

國際知名的路透社創辦人路透，轉移陣地到倫敦營業之前，曾有一段時間在德國的古城亞琛從事通訊社的經營工作，這裡正是奠定他未來成功的重要基礎。

一八四八年，普魯士政府正式開通了從柏林到亞琛之間的電報線，並同意開放供商業通訊使用。於是，利用柏林與亞琛之間的電報線來從事服務，成了一項最有利可圖的事業，路透得知這個消息之後，決定要抓住機會，開創一番事業。

他趕到了柏林，想要效法法國新聞界名人哈瓦斯創辦通訊社，不過在這之前，沃爾夫通訊社的人卻已經搶在他的前面，在柏林建立了「沃爾夫辦事處」。

由於沃爾夫的經濟實力相當雄厚，再加上他有著和路透一樣精明的頭腦與才幹，面對這樣的對手，路透知道自己根本無力挑戰，即使勉強經營，也只能疲於應付，難以有更大的創新和作爲。

於是，他決定放棄在柏林的發展。

不過，路透一點也沒有氣餒、絕望，當他在柏林碰壁之後，立即又趕回亞琛，幸運的是，在亞琛這項生意還沒有人開始。

於是，路透立即開辦了獨立經營的電報辦事處，勤奮不懈地廣泛搜集當時歐洲各主要城市的每一項行情快訊，彙整編輯成「路透行情快訊報」。

路透盡可能地利用最快的交通工具，將報紙提供給分散的訂戶，由於他不辭辛勞地奔走，名聲逐漸傳了開來，經過一段時間之後，他的市場居然佔了大半，許多人都爭相訂購，而路透也終於在報訊業中，站穩了自己的地盤。

人生很多時候要像路透一樣，懂得避實就虛、迂迴前進，這正是做人做事策略中相當重要的一環。

別一窩蜂地跟著所謂潮流或別人的腳步走，因爲，那些只懂得一窩蜂的人，絕大多數都是以失敗作爲結局。

人生最重要的一件事就是選擇自己可以成功的道路，才不會蹉跎一生而一事無成。路透的成功故事要告訴我們：「要做就要做獨一無二的事，只要多運用你獨一無二的創意，並發現獨一無二的商機，那麼成功必定是你的！」

如果你能夠把諂媚的花言巧語讓人聽起來變成坦率懇切的苦口良言，那麼你就離成功不遠了。

——喬叟

當個能綜觀全局的領導者

將工作轉交給部屬，不僅可以提高員工的能力，還能讓你有時間綜觀全局，讓你領導的事業擁有最大的突破空間。

想成爲優秀的領導者，一定要有識人之明，並且要有充分授權的觀念。否則，就會用人不當，讓自己像無頭蒼蠅一樣東飛西竄，疲於奔命卻又做不成什麼大事。

丙吉是漢宣帝身邊重要的宰相，有一年春天，丙吉乘車經過繁華的都城街道，恰巧看見有人當街群毆，死傷極多。

然而，當時他卻視若無睹，立即離開現場，接著他又看到了一頭拉車的牛，氣喘吁吁地吐著舌頭，一副無精打采的模樣，他居然立即派人去問牛的主人，這頭牛到底是怎麼回事。

丙吉對於人畜表現出兩極化的態度，令旁邊的隨從都感到好奇，不禁問他：「爲什麼宰相對群毆的事情不聞不問，這會兒卻如此操心牛的氣喘，如此是不是有點輕重不分，本末倒置？」

丙吉認眞地回應：「制止群毆是長安令或京兆尹的職責，身爲宰相，我只要每年評定他們的政績，再將賞罰建議呈交給皇上就行了，並不需要參與這些瑣碎之事。至於關心牛隻，我之所以要停車探問，那是因爲，現在正值初春時節，黃牛卻大吐舌頭，氣喘不停，我很擔心是因爲陰陽不調。陰陽不調則關係舉國人民的生計，這是宰相的責任之一，所以我才特地停下車子詢問。」

衆隨從聽後，這才恍然大悟，紛紛稱讚宰相英明。

這個故事提醒我們，有能者或有權者，不要一味地把所有的權力都牢牢握在手中，或是大事小事都非得親身過問才可以，畢竟超過負荷的工作量，絕對不是最有效的工作方式。

那只會讓你工作辛苦，此外，管得太多也很容易雜亂無章，如果凡事必定要親自叮嚀，甚至插手其中，對工作上的績效無疑弊多於利！

其實，領導者最重要的工作，是擬定完善的計劃後，有條不紊地將工作分派給底下的人，而且知道哪個部份適合哪些人去執行，自己只要研究如何提高計劃的完成效率就可以了。

因爲，唯有這樣才能充分地運用員工的能力，還能讓自己能有效地綜觀全局，並讓自己領導的事業有最大的突破空間。

天生就想要缺德做壞事的人，如果找不到漂亮的藉口，就會明目張膽地去做惡！

——伊索

PART 11
為自己營造聲勢，
就能創造優勢
人為即是天意，無論是陳勝、趙匡胤，
還是歷史上其他風雲人物，
都是靠著自己營造聲勢而領盡一時風騷。

讓對手摸不清頭緒，就能達成目的

只要能以智取勝，想出借力使力，或讓對方鬆懈心防的方法，很多時候，不需費太多力氣，便能輕鬆達到自己期望的目標。

「聲東擊西，攻其不備」是兩軍交鋒之時，運用得最廣泛的戰術。這個戰術的要訣在於放出風聲或製造假象，鬆懈對方的戒心，然後在儲蓄實力之後，給毫無防備的對手致命一擊。

唐高宗時，吐蕃在青藏高原崛起，勢力日漸強大，威令西突厥歸附，打算共同呑併吐谷渾。

唐朝干預吐蕃的呑併活動，導致雙方的和親關係破裂，隨後唐朝立即援助西突厥，並任酋長阿史那都支爲左驍衛將軍，要他與吐蕃脫離關係。

然而，阿史那都支表面上臣服唐朝，暗地裡卻仍然與吐蕃聯手，一起侵擾唐朝西境。當時，唐高宗想要發兵征討，吏部侍郎裴行儉對唐高宗說：「吐蕃目前非常強盛，西突厥也已經表示要與我朝修好，我們不便兩面用兵，不如趁著波斯國王去世，我們前去祝賀王子尼涅斯繼位的機會，在經過西突厥時趁機行事，或許可以讓他們不戰而降。」

唐高宗聽了之後，認爲這個方法不錯，遂命裴行儉爲全權使臣，率兵護送波斯王子尼涅斯回波斯繼位。

時值盛夏，裴行儉到達曾經任職過的西州，立即召集西州的豪傑子弟千餘人跟隨，還四處揚言說天氣實在太熱，不想急急遠行，希望等到天涼之後再啓程。

阿史那都支聽說裴行儉要在西州休息，而且要等天涼後才起程，便放下戒心，到處尋玩，消磨這個難熬的酷暑。

事實上，裴行儉並沒有眞的休息下來，他秘密召集西州四鎭的酋長，對他們說：「以前我在西州任職時，最喜歡外出打獵，現在我想重遊舊日獵場，不知有誰願意與我同行？」

當地人本以遊獵為生，一聽到出遊打獵，個個都欣然應聲同行。於是，裴行儉精選其中的萬餘人馬，編成隊伍，以打獵為掩飾，暗中加以操練，待時機成熟，便急令隊伍抄小路向西快速前進，到了阿史那都支的部落附近時，再派遣使者向阿史那都支問候一聲。

當阿史那都支看見唐使突然來到自己的營帳，異常驚慌，後來見使者安詳平和，沒有指斥他與吐蕃暗地勾結，更沒有要討伐的意思，這才放下心來。

由於阿史那都支的軍隊已經完全鬆懈，依當時的狀況，根本無法作戰，因此他決定虛情假意周旋一番，便親率領子弟親信五百餘人前去拜訪裴行儉。

裴行儉表面上表示歡迎，一等阿史那都支等人進入營帳後，伏兵立即從四處湧出，五百餘人被悉數拘禁。

裴行儉兵不血刃地擒獲了西突厥的酋長，輕鬆地將任務完成，隨即凱旋而歸，另派屬下送尼涅斯回波斯。

所謂兵不厭詐，技巧就在於以虛為實、以實為虛，讓對手摸不清頭緒，就能達成自己的目的。

裴行儉利用刻意製造出來的假象，讓叛服無常的阿史那都支鬆懈警戒，再捉準時機伺機而動，正是擊破敵方心防的絕佳方法。

以智取勝，是所有兵法中最好的方法，援用至現實生活中，當你無法直擊對手要害的時候，便要用機智與對方交手。

只要能以智取勝，想出借力使力，或讓對方鬆懈心防的方法，很多時候，不需費太多力氣，便能輕鬆達到自己期望的目標。

厚黑智典

如果你希望利用別人的知識來獲得資訊及增長見識，但同時你又堅持自己的想法，可能會使你對你的錯誤不以為意。——富蘭克林

為自己營造聲勢，就能創造優勢

人為即是天意，無論是陳勝、趙匡胤，還是歷史上其他風雲人物，都是靠著自己營造聲勢而領盡一時風騷。

與其等待命中注定的天意，不如創造有利於己的情勢。

陳勝、吳廣押解人犯至邊境，結果因爲誤期可能被處斬，心想反正是死路一條，便計劃舉兵起義，然而對於秦王嬴政的餘威，他們仍然頗爲忌憚。

兩個人想了又想，便想出了一個計謀，在夜裡躲在營地周圍，然後學狐狸的鳴叫聲喊叫：「大楚興，陳勝王。」

從此，陳勝開始引人注目，經常有人指著他的背影低聲耳語，接著他們又將小布條塞進魚肚，上面寫著「陳勝理應順天意而爲王」等字，並偷偷混在市集的魚貨

中，讓廚師買回去。

廚師剖開魚腹時，發現裡面的布條不禁大吃一驚。事情傳開後，衆人將之前的夜半之聲兩相聯繫，個個都驚訝不已，讓陳勝的號召力立即暴增。

後來，陳勝和吳廣揭竿而起，振臂高呼：「王侯將相，寧有種乎？」民衆紛紛響應之下，開啓了中國史上第一樁農民起義。

相似的謀略，也發生在五代末年，趙匡胤發動了陳橋兵變，黃袍加身，讓部屬們擁立他爲皇帝。

當時，趙匡胤還裝模作樣推讓一番，不肯答應，最後才在衆將的「懇求」下勉強答應，做了皇帝。

平定天下後，趙匡胤並沒有高枕無憂，整日尋思著如何能讓皇位穩固，有一天，當他和大臣石守信等人飲酒作樂時，意有所指地說：「以前不做皇帝時不開心，現在做了皇帝更不開心。」

石守信詢問何故，趙匡胤嘆氣道：「如果有一天，也有人把黃袍披在你們身上，擁立你們做皇帝，你們是答應還是不答應呢？我看不如這樣子吧，我多賜給你們一些良田美女，讓你們安穩地回家享受吧！」

石守信等人都是聰明人，一點就透，知道腦袋比官位更値錢，便謝過皇上，第二天上朝後，便辭官告老回鄉，安享餘生了，其餘那些曾隨著趙匡胤打下天下的重臣見狀，也紛紛辭官退休。

趙匡胤雖然少了這些開國功勳的輔佐，卻因此化解了權臣奪位的危險。

人爲即是天意，畢竟眞正能改變自己未來命運的人，還是我們自己。無論是陳勝、趙匡胤，還是歷史上其他風雲人物，都是靠著自己營造聲勢而領盡一時風騷。這些例子都告訴我們，機會就在自己手中，每個人都可以爲自己創造「天賜奇蹟」。

如果我懷疑有人稍微有點不老實，我便會調出他的支出報告來看。支出報告就像測謊器一樣，可以檢驗出他是否靠得住。

——馬克．麥考梅克

先培養勇氣，再等待時機

空有時機而沒有深厚的實力，一切終究只是個「零」，在這種情況下強行運作，是不會有任何奇蹟的。

在自己的實力尚未充足之前，若急著想要領導他人，反而容易導致反效果。

西漢末年的王莽本是漢室外戚，受封爲新都侯，後來又出任大司馬掌理朝政，榮華富貴享用不盡，卻老想嚐一嚐當皇帝的滋味。於是，他挖空心思，爲這場皇帝夢進行周密的準備。

爲了取信於民，獲得衆人的支援，他開始包裝自己，成爲一個禮賢下士的好宰相，並且塑造愛民如子、秉公執法形象。他還帶頭倡導簡樸生活，自己的兒子犯法時，也沒有枉法徇私，而是大義滅親。

種種舉動，果然讓許多人都相信，他是一個清正廉潔、愛民如子的好官，對他也產生了許多好感。

接著，他又玩起裝神弄鬼的把戲，命人偷偷在一塊石板上刻上「漢家江山應由王莽接任」等字。消息傳開之後，王莽還故意裝作無辜，上朝請罪，並發下重誓，說自己絕對無意奪取漢室江山。

這個風波輕鬆過去之後，讓人們對王莽更加看重。

那麼，奪權篡位的時候到底成熟了嗎？

經過了很長時間，王莽以爲時機已到，便弒君篡位、改朝稱帝，沒想到此舉，讓人民對他頓生反感，無論他先前做了多少「好事」，花了多少功夫包裝，人民仍然紛紛起身聲討。

加上王莽推行新政，法令繁苛，把國家治理得亂七八糟，弄得民不聊生、盜賊蜂起，更讓他有如過街老鼠，人人喊打，各地的反對勢力也逐漸聚集。皇帝做得提心吊膽的他，終日寢食難安，不久內憂外困一併襲來，結果只當了十幾年毀譽參半的皇帝，便匆匆走下歷史舞台了。

空有時機而沒有深厚的實力，一切終究只是個「零」，在這種情況下強行運作，是不會有任何奇蹟的，就像滿腦子幻想卻又眼高手低的王莽一樣。

沒有人有永遠的運氣，更沒有人可以只靠包裝便能獲得成功。實力是根，包裝只是外在的枝葉，當暴風雨來襲，枝葉總是受不了風吹雨打而斷裂折損，如果樹根紮實，那麼大樹還能繼續成長，終有一天會重現繁茂。

然而，若是根沒有紮深，大風一吹便連根拔起，再美麗茂密的枝葉又有何用？

成功的動力是對一切抱持成功的希望，在這個充滿競爭精神的社會，你會想去艱難的地方，跟競爭者短兵相接。——理查·胡伯

創造情勢，就能扭轉劣勢

懂得創造情勢能逆轉當前的劣勢，不但讓本身實力陡增，同時也讓對手變弱，這是在激烈的競爭中勝出的技巧之一。

活在這個馬善被騎、人善被欺的時代，過河拆橋其實不算卑鄙，投機取巧更不是小人的專利，如果你凡事只會死守著教條，腦袋不懂得轉彎，就永遠只會讓自己被人騎在頭上。

三國時，蜀吳兩國達成協議，準備聯手抗曹，孔明到江東幫忙佈陣應戰。周瑜嫉妒孔明才識過人，故意要他三天之內造出三十萬枝雕翎箭，誤期則按軍令斬首，打算趁機除去心頭大患，誰知孔明卻胸有成竹地滿口答應。

就在第三日凌晨，孔明經由魯肅協助，在小船上紮起草人，趁著夜晚的霧氣划

向對岸曹營，並令兵卒擂鼓助威。

曹兵眼見許多船隻臨近，船上人影幢幢，疑心敵人來攻，卻又礙於大霧出擊不便，只得站在岸上萬箭齊發，以阻敵軍來勢。

到了清晨，霧氣散去，草人上滿佈雕翎箭，諸葛亮這才命人掉轉船頭，回歸大營，成功地交卸了責任。

如果要用傳統的方式製造這三十萬枝箭，不要說是三天，就是二十天也造不完。諸葛亮也明白這一點，所以他藉霧氣掩護，擂鼓吹號，佯裝進攻，讓曹軍以為吳蜀聯軍發動夜襲而墜入他的圈套，更讓他輕鬆「製造」了三十萬枝箭。

戰國末期，秦國想一統天下，當時最有實力與秦國抗衡的就是趙國，秦國決定要派大軍進攻趙國，趙王大爲驚慌，緊急派遣老將廉頗率兵抵敵。

老將廉頗經驗豐富，針對敵我虛實，採用消耗戰，不與秦軍作正面對抗，慢慢消磨秦軍銳氣。

秦軍雖然來勢洶洶，無奈勞軍襲遠，後繼無力，又碰上趙國軍隊的頑強抵抗，毫無戰勝良策，只好到趙國散播謠言說：「秦軍根本不怕廉頗，只怕趙括掛帥出征，趙括才是趙國最好的統帥。」

沒想到趙王輕信流言，不顧趙母的再三勸阻，撤回廉頗，改派只會紙上談兵的趙括前去督師禦敵。

毫無用兵經驗的趙括貿然出擊，導致趙軍在長平一戰慘敗，四十萬士兵被坑殺，自己也身首異處。

所以，懂得創造情勢能逆轉當前的劣勢，不但讓本身實力陡增，同時也讓對手變弱，這是在激烈的競爭中勝出的技巧之一，熟知如何運用訣竅，自然能使自己前程一片坦途。

厚黑智典

不管是個人或國家追求商業上的功成名就，只有同時發展出標準的行為準則：榮譽、勇氣，這才是件好事。

——羅斯福總統

適時冒險是成功的關鍵

創新和冒險是經營者成功的秘訣，運用得當能使自己受益無限，運用不當或不敢用，只會使自己故步自封。

美國企業界的經營哲學中，有一則金玉良言說：「如果你不能戰勝對手，那麼就加入他們其中。」

美國通用汽車公司是世界上首屈一指的汽車生產企業，規模之龐大是許多汽車同業無法比擬的。

一九八四年，通用汽車售出了八百三十萬輛車，銷售總額達八百三十九億美元，獲利四十五億美元。

但是，通用公司生產的汽車相當耗油，隨著世界石油危機的加劇，汽油價格不斷上漲，再加上世界汽車競爭日益激烈，以豪華型汽車爲主的通用公司，因爲價格昂貴，在激烈的市場競爭中連連敗北。

到一九九一年，通用公司負債居然達到三十億美元，直到史密斯出任通用公司董事長後，才爲公司帶來扭轉劣勢的新希望。

史密斯經過仔細斟酌之後，決心及時調整策略。他採取的第一個動作，就是迅速地「加入到他們中間去」。

經過談判，通用汽車公司與日本豐田公司簽訂協定，在加利福尼亞的分廠生產二十五萬輛「豐田」設計的轎車，然後以通用汽車旗下的「雪佛蘭」品牌在美國市場出售，所得利益由雙方均分。

豐田公司見大名鼎鼎的通用公司甘願拜倒自己腳下，自然萬分高興，然而，就在此時，通用汽車公司則暗地裡籌建自己的輕型車製造公司——農神公司。

爲了防止自己的傳統市場與「農神」未來的市場被日本汽車搶佔，通用汽車在「農神」正式上市之前便進行了試銷。

他們抓住時機，投資幾十億美元，籌建農神公司，當時他們採用了新穎的自動

化設備，專門生產輕巧外型，耗油量小的小轎車，品質和價格與日本產品相差無幾，經過幾年努力，通用公司終於又在美國汽車市場中站穩了腳步。

通用公司充分利用了這暫時合作的策略，爲自己贏得了時間，更贏得了市場。所以，做生意和寫小說基本很相似，有好的構思是一篇小說成功的關鍵，做生意則要有好的策略，才能使自己的生意只賺不賠。

創新和冒險是經營者成功的秘訣，運用得當能使自己受益無限，運用不當或不敢用，只會使自己故步自封，無所發展，甚至被人吞併。

許多先聖先哲教我們做人做事必須誠實，但一般來說，誠實不如欺騙能夠圖利。

——柏拉圖

用自信爭取你應得的權利

知道自己的價值在那裡，你就可以堅持自己的「交易價格」，只要你有信心保證品質，你就絕對有權利爭取屬於自己應得的價值。

尼采曾經說過：「我研究偉人，結果卻發現，過河拆橋是所有偉人都必須學會的一項心機工程。」

世間到處充滿著虛假和欺詐，裝出慈悲和善的臉孔，正是熟諳厚黑權術的人的拿手好戲，爲了達成目的，他們經常以最美麗的外表、最動人的言詞欺騙別人。

因此，不管做人或做事，都必須要有爲自己爭得權利的堅定信心和行動。

波姬絲是一家電視台的新聞主播，在這家電視台做了五年多，她的新聞節目被評爲當地的第一流節目，可是五年下來，卻沒有獲得應有的報酬。

三年前，當她與電視台重簽合約、談判時，電視台經理向她暗示，續簽合約是在照顧她，她應該感到幸運。

然而，她很清楚地聽出了經理話中的弦外之音：「妳隨時都可能被取代，不應該咄咄逼人。」

當她要求修改合約時，電視台經理大發雷霆，但是，她強烈地相信自己的價值，所以不願讓步。

這段時間，新聞部主任經常把她叫到辦公室裡，並對她的工作大聲指責，而且每次訓斥結束後，都會說：「把這個合約簽了吧！」

四個月過去了，波姬絲仍然毫不動搖，最後，電視台經理無計可施，不得不同意波姬絲提出的要求。

然而，就在她簽訂合約之前，她把合約拿去徵詢一位律師的意見，律師建議她最好在措辭上做幾處小小的改動，但當她回到電台，告知他們此事時，他們暴跳如雷，對著她咆哮著說，他們的忍耐力已經到了極點。

即使這樣，波姬絲也絲毫不讓步。

最終，電視台只好根據雙方都能接受的意見，對合約的措辭上進行修改，簽訂了一項為期三年的合約。

對於這件事的過程，波姬絲說說：「如今，他們知道我是一個什麼樣的人，我說到做到，和我在一塊兒工作過的人都對我說，我應該要求比我眞正想要的更多。不過，我不會那樣，我要求他們給我提供必要的條件，而不想奢求其他錦上添花的條件，我只要求我應得的。」

知道自己的價值在那裡，你就可以堅持自己的「交易價格」，只要你有信心保證品質，你就絕對有權利爭取屬於自己應得的價值，就像波姬絲一樣。

真相往往是一顆難以下嚥的苦藥，但是，無論如何，我們不能讓幻想像野草似地繼續生長。

——茨威格

冷靜是處理危機的第一步

當你還在後悔、還在怨嘆、還在喃喃自語「早知道……」的同時，別人可能已經在評估事情的嚴重性，並且完成了初步的分析。

危機不一定致命的打擊，端看你如何用智慧去處理。遇上同樣的事件，處理方式不同，結果也就會不同。

一九八八年，美國阿波羅航空公司一架波音七三七客機從檀香山起飛後不久，便發生爆炸意外。儘管機長採取斷然措施，緊急迫降，機上還是有一名空服小姐被強大的爆炸威力抛出機外，不幸身亡。

這起事故對飛機製造商波音公司造成巨大的壓力，不只同行趁機發難，連航空公司也將矛頭指向波音公司，要求他們承擔賠償責任，波音公司名譽因而大損。

然而，波音公司並沒有因此而慌了手腳，他們馬上成立緊急應變小組收拾善後，並著手調查事故發生的原因。

調查結果發現，這家飛機雖然是波音公司出品，卻已經飛行了二十年，起飛降落超過九萬次，遠遠大於飛機的安全係數，最後由於金屬疲勞引發爆炸，才發生了這件不幸的意外。

事後，波音公司展開了盛大的宣傳活動，設法令民衆了解事故發生的眞相，並引用數據再三強調公司飛機的品質與信譽。

經過鍥而不捨的努力，到了次年，訂購波音飛機的客戶非但沒有減少，反而增加了近一倍之多。

遇到危機，當你還在後悔、還在怨嘆、還在喃喃自語「早知道……」的同時，別人可能已經在評估事情的嚴重性，並且完成了初步的分析。

而當你手忙腳亂、四處搬救兵的時候，別人可能已經掌握了事情的脈絡，積極思索著因應對策。

等到你好不容易終於理出個頭緒，準備好要去面對時，別人早已圓滿處理完畢，連檢討大會都已經進行到一半了呢！

有沒有想過，自己爲什麼總是慢別人一步？

因爲，當你還束手無策時，別人的腦袋已經冷靜下來，並且搶先踏出了一步。

要記住，「冷靜」是所有危機處理的第一步！

中文的「危機」一詞，由兩個字構成——一個字表示危險，另一個字表示機會。

——美國總統甘迺迪

給自己一個無限發展的空間

凡事不能墨守成規，也不要只用一條法則來行走，每個人都有無限的競爭空間，沒有人能設定你我的界限，一切都是我們自己設下的侷限。

知名的英國思想家格蘭威爾曾經這麼說過：「觀念上的冥頑不靈，會使一個人陷入不斷犯錯的惡性循環裡，如果你無法從這個枷鎖中掙脫，生命自然遍尋不著出口。」

只有腦力不斷激盪，觀念不斷翻新，人才能持續向前躍進，才會變得更加聰明，知道如何開創生命的遠景……

不管做任何事情，都要抓住稍縱即逝的機會，利用所有的時間和空間，努力達成自己的目標，一旦機會喪失，時間一錯過，競爭對手一一湧現，便什麼事情都很難成功了。

可口可樂的成功範例，可以說是經營事業和做人做事的最佳典範。

可口可樂公司自創業以來長盛不衰，銷售的可樂占全世界飲料消費量的百分之四十七，是百事可樂公司銷售量的兩倍多。

第二次世界大戰期間，可口可樂公司隨著美國軍隊進入了歐洲和日本，然而美軍撤退後，可口可樂公司卻在當地建立起自己的灘頭堡。

海外銷售的智囊團，以廣告、包裝等猛烈攻勢來拉攏全世界的消費者，根據估計，可口可樂公司有百分八十的營業收入，是來自世界各地的銷售成果。

當百事可樂公司開始與飯店和速食業接觸時，可口可樂已經將業務發展到一百六十多個國家，許多競爭者面對此種情況，都不得不承認，在利用潛在的市場發展能力方面，可口可樂公司比其他任何公司都處於更有利的地位。

可口可樂公司在國外駕輕就熟地運用廣告行銷的謀略，爲了表現公司產品及影響力無處不在，除了推廣成爲各項運動會上的指定飲料之外，在西班牙鬥牛、澳洲的駱駝大賽或紐西蘭的剪羊毛比賽場中，都能看見它的紅白標誌。

可口可樂公司的經營宗旨是：「絕不能因爲利益微薄而不做！」無論獲利多麼微少，他們都以兢兢業業的態度經營，對零售業務也特別重視。

在世界各地，可口可樂公司出版商業雜誌，爲夫妻加盟店主舉辦專門講習班，討論如何更有效地經營；爲了適應不同國家、不同年齡層的消費者的口味要求，公司也做出了一些調整。

在西班牙，它主要作爲一種混合物，甚至用來和酒摻著喝；在義大利，可口可樂則成爲進餐時的飲料，取代了酒、牛奶與咖啡。

凡此種種，可口可樂公司廣角的經營理念，不侷限自己的發展空間，甚至願意入境隨俗地改變自己，這些都是許多堅持傳統的商業產品無法做到的，而這也是它的成功之處！

可口可樂的成功訣竅不僅是捉準商機，也強調發展需求。

因此，我們可以見到，可口可樂公司成功之後，不只是在口感上有所改變與進步，經營階層更懂得隨著時代潮流的變化，看見消費者的心理需求，穩穩地捉住消費者的心。

這些才是他們成功的眞正要訣。

凡事不能墨守成規，也不要只用一條法則來行走，每個人都有無限的競爭空間，沒有人能設定你我的界限，一切都是我們自己設下的侷限。

如果我們未曾嘗試改變一些事情，我們就會成為自己失敗的幫兇。我們沒有一個人可以逃得了失敗所產生的壓力。

——馬克・麥考梅克

不要被私慾薰昏了頭

做人做事不要有太多的刻意強求，因為任何刻意的強求，都會有一些必然的犧牲，而那些犧牲的反作用力隨時都會傷及自己。

身爲領導者，如果只爲了鑽營自己的利益，而不顧衆人的想法，就會弄得天怒人怨，使部屬紛紛背叛。

清朝末年，革命黨人在各地起義，要推翻封建王朝的專制統治，建立民主共和國，清政府爲了獲得苟延殘喘的機會，便想到了重新起用袁世凱。

之前，由於袁世凱兵權太大，權傾朝野，滿清統治者認爲這樣會危及自己的統治基礎，便把袁世凱罷官，讓他解甲歸田。

當袁世凱收到通知，一方面告稱自己腳疾加重，不方便行走，拖延入京覲見的

日子，另一面又派人秘密聯絡手握重兵的門生，要他們按兵不動，任革命黨人的勢力自由發展，不要加以阻攔。

而後，他又上書說這種局面自己難以解決，需要更多的軍隊與權力才能剿平亂黨，藉此刁難清政府。清朝統治者早被四處湧竄的革命軍搞得焦頭爛額，好不容易找到救兵，也只能對他的要求言聽計從。

袁世凱這才從老家出發，先上京城接受官職，而後直赴前線，命令幾個親信率領軍隊嚴陣以待，自己則對革命黨人威逼利誘，並許下種種諾言，說自己可以說服清朝皇帝退位，實現民主體制。

革命黨人起義的目的無非就是要推翻專制統治，如今見手握軍政大權的袁世凱願意協助，自然喜出望外，便答應如果他能讓清朝皇帝退位，實行民主制度，那麼中華民國的大總統就讓他來做。

與革命軍達成協定的袁世凱內心一陣竊喜，急忙回京逼迫末代皇帝溥儀讓出帝位，事後革命黨人也履行諾言，把總統之位拱手送給了袁世凱。

問題是，當上總統的袁世凱掌握了權力，並不因此而滿足，爲了當上皇帝，他慫恿屬下擁立，結果弄得天怒人怨，許多部下紛紛背叛，他也只做了六十三天的皇帝便遭到革命軍討伐，走到了窮途末路。

當袁世凱滿腦子皇帝夢，只看得見權力與慾望時，必然看不見漸漸近身的危險，更看不見即將遠去的機運。

這說明了做人做事不要有太多的刻意強求，因爲任何刻意的強求，都會有一些必然的犧牲，而那些犧牲的反作用力隨時都會傷及自己。

凡事知足，適可而止，不要讓私慾佔滿，否則再多的機會也會成爲一陣雲煙，風一吹便要消失。

依據道德原則選擇「對」與「錯」，是相當容易的事。但是現實狀況常要求我們在既不是全「對」，也不是全「錯」的兩者之間做抉擇。

——普勒斯頓·湯利

賺錢就如同順水行船

賺錢就如同順水行船，要看清風向和水勢，這樣船才會又穩又快，而賺錢更要看清行情、知道潮流，順流而下才能賺錢。

安妮是一位中年婦女，曾在紐約的一所大學攻讀文學，當時她被介紹給一位職業作家，協助這位作家編輯一些已撰寫完成的一系列故事。

儘管安妮沒有這方面的工作經驗，但是這位作家相信她具有編輯的靈感和直覺，所以決定讓她試一試，並且同意每三篇短篇小說付給安妮三千美元。

當安妮與作家編輯完一篇小說之後，內心不禁想道：「也許，我應該讓自己獲得更多的報酬。」

於是，安妮決定改變自己的工作安排，想要將以前按件計酬的方式，改成按時計酬，她向作家提出此事，並大聲抗議他如何利用她的廉價勞力。

作家說，假如安妮能精確地計算出自己的工作時數，他願意每個小時付給安妮二十五美元。

安妮感到很滿意，因爲她從來都沒得到過這麼好的待遇，於是，她開始編輯另一篇小說。

然而，不久她終於發現，扣除自己的吃飯時間，以及每個小時十五分鐘的抽煙休息時間，她眞正用於編輯小說的時間居然不多，像是第二篇小說，她只有用十個小時編輯，因此這篇小說所得到的報酬只有二百五十美元。安妮這時才發現，自己的小聰明只不過是搬石頭砸自己的腳。

她與作家重新談判，衝著作家大聲嚷嚷，指出由於按時間計算報酬，他們之間變得斤斤計較，失去原來的信任感，她更想恢復原來的計酬方式。

然而，作家卻說：「我沒有失去那份信任，我一直把它放在心裡，如果妳失去了，那麼妳就應該自己把它找回來。更確切地講，這件事對妳來說從來談不上信任，妳的反覆改變只是爲了想得到更多的錢。」

隨後，作家讓她走了，而安妮再一次失業了。

這則故事說明了，不要對錢的問題太在過意，因爲眞正重要的是，你是否知道如何賺錢和花錢。

賺錢就如同順水行船，要看清風向和水勢，這樣船才會又穩又快，而賺錢更要看清行情、知道潮流，順流而下才能賺錢。

很多人在人際網路迷失了方向或猶豫不前，其實只要把焦點放在別人的需求上，並且奉行速度及借力使力兩大原則就可以了。

——弗瑞德．史密斯

避免碰壁，才能出人頭地

調整擇業期望值並不是要你放棄原有的夢想，而是讓你用自我調整的辦法，來逐步追尋夢想。

當一個畢業生踏出校園，或是一個上班族想要跳槽，根據自身條件和工作需求，確定了自己的目標之後，如何把握自己的擇業期望值，往往成為預定目標能否實現的重大關鍵。

所謂的擇業期望值，就是指一個人希望選擇的職業對自己在物質、精神上的需求滿足程度。例如，薪資收入和福利待遇如何，工作環境和條件怎樣，自己的興趣、能力、專長或抱負是否能得到適當的施展……等等。

一個人選擇職業的目標能否實現，除了個人才能、機遇等條件之外，主要決定

於自己的擇業期望值高低。一般說來，每個人都希望獲得一分更能滿足自己物質生活和精神生活所需要的工作。

但是，要使這種需求變成可能，往往受到自身條件和客觀因素的制約，如果不能好好把握它，就可能會走向錯誤的方向。因此，把握擇業的期望值，從觀念上看來，應小心防止和克服下列幾種錯誤傾向：

一、圖虛榮的想法。

由於虛榮心作怪，有些人在選擇職業時，不考慮自己的專長，一心只想找一分讓人羨慕的工作，結果當然是會因與現實不符而失敗，就算僥倖被錄用了，也會讓自己的才能無法得到施展。

二、圖享受的想法。

對一般人而言，最具誘惑力的是優越的待遇與條件，但這也是最容易使人掉入擇業失敗區的原因之一。有的人只重視金錢多寡，在乎的是眼前的利益，不管這項工作是否有前瞻性或發展性，認爲只要錢多，做什麼都行。

這種只圖一時實惠和享受的想法，不僅不可取，也不實際，因此難免會碰壁。

三、圖安逸的想法。

害怕辛苦，不願從事繁重的工作，也是導致一些人出現擇業偏差的重要原因之一。俗話說得好：「有幾分耕耘，便有幾分收穫」，人生猶如一個競技場，不想付出辛苦的代價，便無法在職場出人頭地。

除了上述幾點應該小心防範的不正確觀念外，把握自己擇業的期望值，從方法上還應注意下兩點：

一、防止偏離自己的擇業目標。

擇業目標的確定要從自身的特點和社會的需要考慮，確定自己的擇業期望也應如此。如果偏離自己的興趣、專業特長和實際能力去選擇工作，那你不僅會失去自己的優勢，也會偏離自己的擇業目標。

二、不要把期望值訂得過高。

因爲，期望值過高很容易使自己陷入兩種困境：一種是由於超乎現實，讓你在擇業時屢遭失敗；另一種是雖然僥倖獲得，也會因自身能力不足，而無法勝任工作，而處於被動狀態。

如果你發現自己的擇業期望值眞的發生偏差或過高時，那就有必要稍稍調整一下。其實，調整擇業期望值並不是要你放棄原有的夢想，而是讓你用自我調整的辦法，來逐步追尋夢想。

應該確定一個總的期望值，再將它期望值分階段實施。

在實行過程中，如果發現自己所選擇的階段期望過高，就把它移作下一階段的期望目標。自我調整，就是自己對職業的希望，分成幾個不同層次，首先滿足主要的需求，然後根據實際情況依次進行必要的調整，直到個人意願與社會需求二者相吻合爲止。

結盟已成為人際關係的新潮流，那些只忙著在自己四周築起高牆的人，很快就會被願意攜手合作以創造更有建設性環境的對手超越。

——史丹·拉普

用幽默的話語，把話說進對方的心裡

罵人不必帶髒字

USE HUMOROUS WORDS TO SCOLD SOMEONE

美國作家豪說：
在蠻荒的古代，人們用斧頭相鬥，文明人埋掉了斧頭，他們的格鬥，靠的是舌頭。

為人處世篇

在這場用舌頭當武器的人性戰場上，如果，你想要「**開罵**」，
不一定要出口成「**髒**」，
不妨用「**罵人不帶髒字**」的方式進行調侃、反諷。
幽默的說話方式，不僅可以為彼此留下餘地，避免爆發衝突，
而且更能發揮效用。

「**罵人不帶髒字**」的說話方式，是聰明人的回馬槍，
往往能一槍刺中要害，讓對方認清自己的謬誤。

《罵人不必帶髒字》暢銷作家
文彥博 著

Thick Black Theory is a philosophical treatise written by Li Zongw
a disgruntled politician and scholar born at the end of Qing dynas
It was published in China in 1911, the year of the Xinhai revolutio
when the Qing dynasty was overthrown.

全新白話編修版

Thick
Black
Theory

Thick
Black
Theory

Thick Black Theory is a philosophical treatise written by Li Zongwu,
a disgruntled politician and scholar born at the end of Qing dynasty.
It was published in China in 1911, the year of the Xinhai revolution,
when the Qing dynasty was overthrown.

白話 厚黑學大全集

林語堂、南懷瑾、柏楊、李敖 四名大師
一致讚賞的驚世奇書

用厚黑圖謀一己私利，是極卑劣的行為：用厚黑圖謀眾人公利，是至高無上的道德。

現實的社會充滿陷阱，處處可以見到欺騙，詭詐，巧取豪奪；
複雜的人性捉摸不定，有時散發著善良的光輝，有時流露著醜陋的慾望，
人不能只有小聰明，卻沒有大智慧；厚黑學不是教你賣弄聰明、耍奸玩詐，
而是教你看穿人性、修練人生，認清誰正在對你使詐。

當我們熟讀厚黑學，就會知道所謂英的英雄、偉人都是厚黑高手，
世間既厚又黑的人到處都是，應付人情事故的時候，
就不會被厚黑之輩愚弄了……

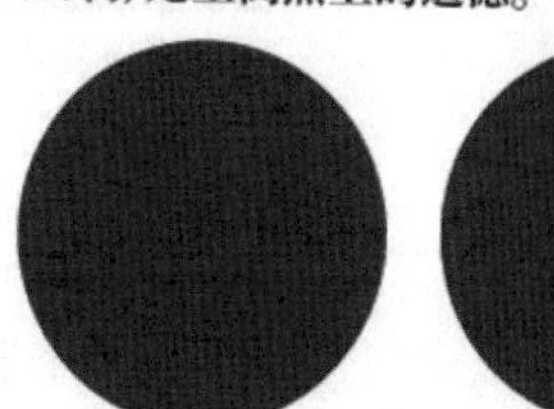

Thick Black Theory is a philosophical treatise written by Li Zongwu,
a disgruntled politician and scholar born at the end of Qing dynasty.
It was published in China in 1911, the year of the Xinhai revolution,
when the Qing dynasty was overthrown.

公孫龍策 編修

厚黑教主 李宗吾 著

權謀經典

02

厚黑學完全使用手冊

作　　者　王　照
社　　長　陳維都
藝術總監　黃聖文
編輯總監　王　凌
出 版 者　普天出版社
新北市汐止區康寧街 169 巷 25 號 6 樓
TEL / (02) 26921935 (代表號)
FAX / (02) 26959332
E-mail：popular.press@msa.hinet.net
http://www.popu.com.tw/
郵政劃撥 19091443 陳維都帳戶
總 經 銷　旭昇圖書有限公司
新北市中和區中山路二段 352 號 2F
TEL / (02) 22451480 (代表號)
FAX / (02) 22451479
E-mail：s1686688@ms31.hinet.net
法律顧問　西華律師事務所・黃憲男律師
電腦排版　巨新電腦排版有限公司
印製裝訂　久裕印刷事業有限公司
出 版 日　2018 (民 107) 年 9 月第 1 版
ISBN◉978-986-389-530-5　　條碼 9789863895305

國家圖書館出版品預行編目資料

厚黑學完全使用手冊／
王照著.—第 1 版.—：新北市,普天
民 107.09 面；公分. - (智謀經典；02)
ISBN◉978-986-389-530-5 (平裝)